Erlebnis Aquarium

spannend & vielseitig

> Autor: Peter Stadelmann | Fotos verschiedener Tierfotografen

Inhalt

Kennenlern-Programm

Fit-und-gesund-Programm

Richtige Unterbringung

Entdecken und beobachten

Anhang

➤ **GU Serviceseiten**

Kennenlern-Programm

Du möchtest ein Aquarium

Aquarien sind so faszinierend, weil es in ihnen immer etwas zu beobachten gibt. Mal streiten die Fische und jagen sich durch den Pflanzendschungel. Mal blähen sie sich auf und stehen sich drohend gegenüber – bis sich einer von ihnen zurückzieht. Dann wieder wollen mehrere schlanke, bunte Guppy-Männchen einem dicken Weibchen imponieren. Und während du die Fische im Zoofachgeschäft im Aquarium beobachtest, merkst du auf einmal, dass du die Zeit vergessen hast. Vielleicht denkst du dir sogar schon einen Platz für ein Aquarium in deinem Zimmer aus. Doch bevor du mit deinen Eltern darüber sprichst, ob du dir ein Aquarium anschaffen darfst, solltest du überlegen, ob du genug Lust und Zeit hast, dich darum zu kümmern. Denn die Fische und Pflanzen brauchen Tag für Tag deine Fürsorge und Pflege. Am besten beantwortest du als Erstes in Ruhe die Fragen in dem Test auf Seite 7.

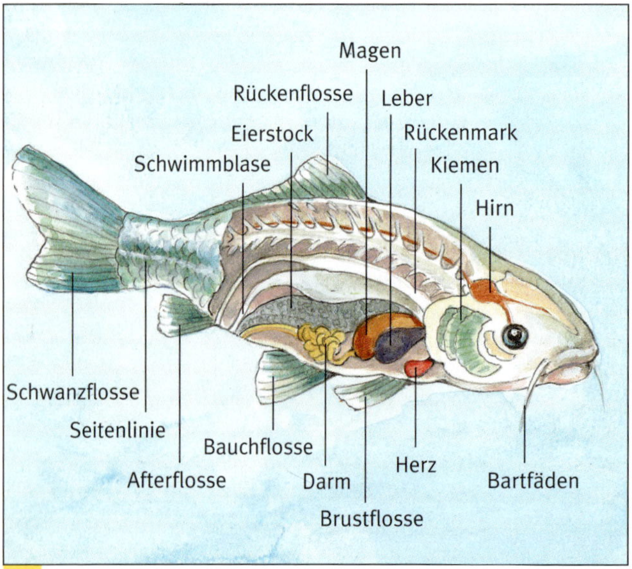

Hier siehst du den Bauplan eines Fisches mit den Flossen und den wichtigsten inneren Organen.

Die Aquariengröße

Für Anfänger haben sich rechteckige Glasbecken mit 60 cm Länge, 30 cm Tiefe und 30 cm Höhe bewährt. Solche Becken gibt es im Fachhandel oft als preisgünstige Sets, die bereits alle wichtigen technischen Geräte enthalten. In so ein Aquarium passen ca. 54 Liter Wasser. Alle Vorschläge in diesem Buch sind für ein Becken dieser Größe gedacht.

Fische sind besondere Tiere

Fische sind völlig an das Leben im Wasser angepasst. Sie atmen mit Kiemen und besitzen Flossen, mit denen sie sich bewegen. Und sie haben Sinnesorgane wie wir, mit denen sie sich orientieren.

Tastsinne: Manche Fische tragen am Maul Fäden und Barteln, mit denen sie tasten

Bist du ein Aquarientyp?

	Ja	Nein
1. Magst du Tiere?	☐	☐
2. Willst du gerne Tiere in ihrer natürlichen Umgebung beobachten?	☐	☐
3. Willst du Tiere zum Streicheln und mit ihnen kuscheln?	☐	☐
4. Bist du bereit, andere Gewohnheiten für deine Fische einzuschränken, um mehr Zeit zum Beobachten zu haben?	☐	☐
5. Bist du bereit, einen Teil deines Taschengeldes für dein Aquarium abzuzweigen?	☐	☐
6. Bist du bereit, täglich für dein Aquarium zu sorgen, auch wenn du Ferien hast?	☐	☐
7. Bist du allergisch gegen Tierhaare und interessierst dich trotzdem für lebendige Tiere?	☐	☐
8. Schläfst du gern bei Licht oder dem beleuchteten Aquarium ein, weil dich das beruhigt?	☐	☐

Wenn du fünf der Fragen mit Ja beantwortest, die Frage Nr. 3 jedoch mit Nein, dann bist du ein Aquarientyp und wirst mit den Ratschlägen in diesem Buch dein Wunschaquarium ohne fremde Hilfe selber einrichten können.

können. Außerdem haben alle Fische eine Pünktchenreihe an beiden Seiten des Körpers. Das ist die äußerst empfindliche Seitenlinie, die sich in einem leichten Bogen von den Kiemen bis zur Schwanzspitze zieht. Mit ihr können Fische die Erschütterungen in der Umgebung und die ihrer eigenen Flossenschläge unterschiedlich wahrnehmen und Entfernungen ermitteln. So finden sie sich im Dunkeln zurecht und stoßen auch im Schwarm nie zusammen.

Geschmacksinn: Spezielle Geschmacksknospen am Kopf können Geschmäcke unterscheiden und verhindern, dass der Fisch in zu salziges oder zu saures Wasser schwimmt. Die Geschmacksknospen können nicht nur am Kopf, sondern auch auf den Flossen sitzen oder über den Körper verteilt sein.

Orientierung und Sehen: Fische orientieren sich auch mit den Augen. Sie müssen Farben sehen können – sonst wären die prächtigen Zeichnungen der Männchen in der Balzzeit ja umsonst. Doch warum Fische so unterschiedlich große Augen haben, ist oft nicht zu verstehen. So gibt es blinde Höhlensalmler ohne sichtbare Augen, aber auch Fische aus der dunklen Tiefsee mit übergroßen Augen.

Schwimmen oder Schweben: Viele Fische haben eine Schwimmblase. Sie enthält ein Gasgemisch, das sich verändert, wenn der Fisch taucht oder nach oben schwimmt. Mit der Schwimmblase kann der Fisch einfach im Wasser schweben, nach oben steigen oder zu Boden sinken – und zwar ohne einen einzigen Flossenschlag!

Aber es gibt auch Fische, z. B. Welse, die »platt« auf dem Kies liegen und dort Algen fressen. Solche am Boden lebenden Fische haben eine verkümmerte oder auch gar keine Schwimmblase. Sie können sich nur mit sehr kräftigen Flossenschlägen nach oben bewegen.

Welche Fische sind geeignet?

Aquarien-Fische stammen meist aus Asien, Südamerika oder Afrika. Sie werden aber nur noch sehr selten wild gefangen, sondern dort speziell gezüchtet und an Aquarienwasser gewöhnt. Nur so ist es möglich, dass Bärblinge aus Asien mit den Guppys aus Südamerika im gleichen Wasser gut leben können. Auf den folgenden Seiten findest du eine Auswahl besonders pflegeleichter Fische, die sich gut miteinander vertragen und keine allzu großen Ansprüche stellen. Du kannst sie gut in einem 60 cm langen Becken bei 24 bis 26 °C halten.

Dieses Guppymännchen ist noch jung. Die typischen langen Schwanzflossen bilden sich erst später.

Die Fischfamilien

Fische haben – wie alle Pflanzen und Tiere – einen lateinischen Namen. Diese Namen werden weltweit einheitlich verwendet, und so kann es zu keinen Verwechslungen kommen. Der lateinische Name ist zweiteilig. Der erste Teil ist der Gattungsname (vergleichbar mit unserem Familiennamen), der zweite ist der Artname (vergleichbar mit unserem Vornamen). Mit den lateinischen Namen lassen sich im Internet leicht zusätzliche Informationen finden.

Lebendgebärende Zahnkarpfen: Lebendgebärende Zahnkarpfen sind farbenprächtig, robust und vermehren sich leicht – sie sind also ideale Anfängerfische. Sie pflanzen sich für Fische ungewöhnlich fort: Sie bringen nämlich lebende Junge zur Welt (→ Seite 50).

➤ Pflegeleichte Arten: Guppy (*Poecilia reticulata*), Molly wie z. B. Black Molly (*Poecilia sphenops*), Platy (*Xiphophorus maculatus*), Segelkärpfling (*Poecilia velifera*), Schwertträger (*Xiphophorus helleri*).

➤ Größe: Guppy 3–6 cm, Molly 4–6 cm, Platy 4–7 cm, Schwertträger bis zu 12 cm.

Salmler (mehrere Familien der Ordnung *Characiformes*): Die meisten Salmler leben im

Dies ist die Goldvariante eines Marmorgurami-Männchens. Mit den fadenförmigen Brustflossen tastet es im Pflanzendickicht.

Schwarm, nur so finden sie in der Natur den Schutz vor Fressfeinden. Sie sind gewandte Schwimmer und oft bunt gefärbt. Die Geschlechter sind sehr schwer zu unterscheiden, die Weibchen sind meist etwas rundlicher und blasser als die Männchen.

➤ Pflegeleichte Arten: Blutsalmler (*Hyphessobrycon callistus*), Kaisersalmler (*Nematobrycon palmeri*), Kongosalmler (*Phenacogrammus interruptus*), Neon (*Paracheirodon innesi*), Roter Neon (*P. axelrodi*), Roter von Rio (*Hyphessobrycon flammeus*), Trauermantelsalmler (*Gymnocorymbus ternetzi*).

➤ Größe: 4–6 cm. Kongosalmler bis 9 cm.

Fadenfische oder Labyrinther: Etwas Merkwürdiges hat den Fadenfischen zu ihren Namen verholfen: In Ihrer Heimat ist das Wasser trübe und sauerstoffarm. Deshalb besitzen sie ein zusätzliches Atmungsorgan, das Labyrinth, mit dem sie Sauerstoff aus der Luft über der Wasseroberfläche aufnehmen. Daher der Name »Labyrinther«. »Fadenfische« heißen sie, weil ihre Brustflossen zu langen Tastfäden umgewandelt sind, mit denen sie sich im trüben Wasser zurechtfinden können. Die Weibchen sind meist rundlicher und haben eine hellere Bauchpartie. Die Männchen haben spitz zulaufende Rücken- und Afterflossen, beim Weibchen sind diese rund. Die Farbe kann sich je nach Stimmungslage verändern: So nehmen unterlegene Männchen die Farbe der Weibchen als Tarnung an. Interessant ist die Fortpflanzung. Die Männchen bauen kompakte Schaumnester (→ Seite 51).

➤ Pflegeleichte Arten: Blauer Fadenfisch (*Trichogaster tri-*

TIPP

Fische als Geschenk?

Bitte deine Freunde und Verwandten, dir keine Fische zu schenken, sondern besser Geld fürs Aquarium.

➤ Solche Fische stammen aus verschiedenen Aquarien und damit aus unterschiedlichen Wasserqualitäten.

➤ Es kann auch leicht sein, dass solche Fische eine Krankheit einschleppen.

➤ Außerdem sollten die Fische gut zueinander passen und dass klappt nur, wenn du sie selbst nach den Besatzvorschlägen (→ Seite 14/15) auswählst.

chopterus), Kampffisch (*Betta splendens*), Knurrender Gurami (*Trichopsis vittatus*), Zwergfadenfisch (*Colisa lalia*).
➤ Größe: 4–6 cm; Blauer Fadenfisch bis 12 cm. Guramis wachsen langsam und werden nur selten älter als drei Jahre; Kampffische wachsen schnell.
Goldfische: Der Goldfisch mit all seinen verschiedenen Formen und Farben gehört

Glänzende Zwergbuntbarsche – hier ein Weibchen – leben als feste Paare.

zu den beliebtesten Zierfischen. Goldfische kommen meist dunkelgrau zur Welt und färben sich erst nach und nach um. Erst werden sie schwarz, dann bekommen sie einen goldgelben Bauch. Das Gold wird zu Gelb und dann zu Rot. Als letzte Farbe kommt Weiß dazu. Wenn sich die Fische verletzen, heilt die Wunde schwarz und färbt sich dann immer in der gleichen Reihenfolge wieder um.
➤ Größe: In deinem 60-cm-Becken solltest du nur Jungfische halten. Wenn sie etwa 6–7 cm groß sind, gehören sie in einen Teich. Dort können sie auch im Winter bleiben und werden bis 30 cm lang. Oder du tauschst sie gegen kleinere mit jemandem, der ein größeres Aquarium besitzt als du.
Barben und Bärblinge: Barben kennst du an den Barteln zu beiden Seiten des Mauls. Die Barteln sind Tastorgane mit denen die Fische am Boden nach Nahrung suchen. Barben sind meist farbenprächtige, lebhafte Schwarmfische. So sind sie sicher vor Fressfeinden. Barben laichen oft ins freie Wasser ab.
➤ Pflegeleichte Arten: Kardinalfisch (*Tanichthys albonubes*), Keilfleckbärbling (*Rasbora heteromorpha*), Prachtbarbe (*Puntius conchonius*), Sumatra-Barbe (*Puntius tetrazona*) Zebrabärbling (*Brachydanio rerio*). Barben solltest du nur im Schwarm von drei bis fünf Tieren kaufen.
➤ Größe: 3–5 cm
Buntbarsche oder Cichliden: Buntbarsche besetzen Reviere im Aquarium und bilden feste Paare. Bei allen kannst du die Brutpflege beobachten (→ Seite 54).
➤ Pflegeleichte Arten: Glänzender Zwergbuntbarsch

TIPP

Fische mit Sonderwünschen

- ➤ Goldfische brauchen keinen Heizer. Füttere nur Flocken, sonst bekommen sie Verdauungsprobleme.
- ➤ Barsche lieben Höhlen oder andere Reviere, um sich zurückziehen zu können.
- ➤ Junge Fadenfische vertragen keine Zugluft an der Wasseroberfläche. Vermeide es, die Abdeckung des Aquariums unnötig zu öffnen.
- ➤ Junge Lebendgebärende können nicht sofort schwimmen. Sorge deshalb für reichlich Schwimmpflanzen im Guppytank. Die Fischchen legen sich dazwischen.

Panzerwelse leben gesellig. Zusammen mit anderen Artgenossen sorgen sie für Sauberkeit auch in der hintersten Aquarien-Ecke. Sie fressen Algen und zu Boden gesunkene Futterreste.

(*Nannocara anomala*), Kleiner Maulbrüter (*Pseudocrenilabrus multicolor*), Purpur-Prachtbarsch (*Pelviachromis pulcher*), Schmetterlingsbuntbarsch (*Microgeophagus ramirezi*).

➤ Größe: genannte Arten 5–10 cm.

Welse: Im Aquarium machen sich die Welse meistens als »Müllabfuhr« nützlich, sie fressen Algen und Futterreste. Die bekannten Panzerwelse erkennst du an dem mit kräftigen Schuppen gepanzerten hohen Rücken. Sie haben kaum Feinde und können über 15 Jahre alt werden. Der Indische Glaswels erscheint schuppenlos und ganz durchsichtig. Der Antennenwels besitzt zur Orientierung zahlreiche »Antennen« an den Lippen. Der Rückenschwimmende Kongowels schwimmt mit dem Bauch nach oben.

➤ Pflegeleichte Arten: Antennenwels (*Ancistrus dolichopterus*), Indischer Glaswels (*Kryptopterus bicirrhis*), Panzerwels (*Corydoras*), Rückenschwimmender Kongowels (*Synodontis nigriventris*).

➤ Größe: genannte Arten 4–10 cm.

Schmerlen: Sie lieben die unteren Wasserregionen und suchen dort mit ihren zahlreichen Barteln nach Futterresten, Algen und Schnecken.

➤ Pflegeleichte Arten: Feuerschwanz (*Labeo bicolor*), Netzschmerle (*Botia lohachata*), Prachtschmerle (*Botia macracanthus*), Schachbrettschmerle (*Botia sidthimunki*), Siamesische Saugschmerle (*Gyrinocheilus aymonieri*). Sie können im kleinen Becken als Jungfische gehalten werden. Später musst du sie in ein größeres Becken umsetzen.

➤ Größe: Netz- und Schachbrettschmerle 6–9 cm; Feuerschwanz und Prachtschmerle bis 16 cm.

Aquarienfische im Porträt

Durch neue Züchtungen wächst die Zahl der Aquarienfische ständig weiter. Das Angebot ist heute fast unüberschaubar geworden und die richtige Wahl will gut bedacht sein.

Bei **Netz-Panzerwelsen** ist wie bei allen Panzerwelsen der erste Flossenstrahl als Stachel ausgebildet. Seid deshalb vorsichtig, wenn ihr die Fische berührt – sie können euch leicht verletzen.

Der **Segelkärpfling** will seinem Weibchen imponieren, indem er die Rückenflosse ruckartig wie ein Segel aufstellt. Daher hat er auch seinen Namen.

Kampffische imponieren mit Flossen und Farben. Hier bekämpfen sich zwei Männchen und beeindrucken auch die anderen Fische im Becken.

Beim **Schmetterlings-Buntbarsch** ist die Brutpflege gut zu beobachten. Weibchen tragen zur Fortpflanzungszeit einen roten Brustfleck.

Bei der **Bitterlings- oder Kirschbarbe** ist meist nur ein Männchen voll ausgefärbt, Weibchen sind blasser gezeichnet.

Rote Neons sollte man nicht mit Neontetras im selben Becken halten. Sie vertragen sich zwar, sehen zusammen aber nicht gut aus.

Papageienplatys vertragen sich gut mit anderen Platys. Sie kreuzen sich sogar miteinander. So entstehen interessante Farbvarianten.

Wer passt zu wem?

In einem so genannten Gesellschaftsaquarium kannst du verschiedene Fische gemeinsam halten, die ähnliche Ansprüche an die Wasserqualität und die Temperatur haben – egal, woher sie ursprünglich stammen. Ansonsten kannst du die Fische danach auswählen, welche dir am besten gefallen und welche die schönsten Farben und die interessanteste Lebensweise haben.

Spitz ist die Rückenflosse des Schmucksalmler-Männchens.

In deinem kleinen 60-cm-Aquarium kannst du sehr viel mehr Fische halten als du denkst. Denn die Fische leben in verschiedenen Wassertiefen. Oft kann man das an der Körperform erkennen.

➤ Am Boden lebende Fische haben meist einen abgeflachten Körper wie z. B. die Panzerwelse.

➤ Fische mit geradem Rücken und weit nach hinten versetzter Rückenflosse wie Prachtkärpflinge schwimmen oft knapp unter der Wasseroberfläche.

➤ Fische mit zylinderförmigem Körper wie die Barben bewegen sich meist in den mittleren Wasserschichten.

➤ Fische in ruhigem, pflanzenreichem Gewässer sind oft seitlich zusammengedrückt wie die Guramis.

Auch die Maulstellung verrät, in welcher Wasserschicht sich ein Fisch meistens bewegt und was er gerne frisst.

➤ Fische mit unterständigem Maul (→ Seite 20) leben meist am Grund.

➤ Fische mit endständigem Maul (→ Seite 13 oben rechts) leben in mittleren Wasserschichten. Ein Beispiel ist die Sumatra-Barbe.

➤ Fische mit oberständigem Maul (→ Seite 12 links) fressen und leben nahe der Oberfläche wie die Guppys.

Die Putzkolonne

Wenn du dein Aquarium eingerichtet hast, solltest du es noch drei bis sechs Tage ohne Fische stehen lassen (→ Seite 33). Dann setzt du als Erstes die so genannte Putzkolonne ein. Sie besteht aus drei Rüsselbarben, einem Antennenwels und evtl. einem Saugmaul (→ Besatzvorschlag 5). Diese Fische darfst du auf keinen Fall füttern, denn sie sollen die Algen fressen, die sich im Aquarium breit gemacht haben. Diese Fische bleiben auch im Becken, wenn die anderen dazu kommen.

Besatzvorschläge

Sieben Tage nach dem Einsetzen der Putzkolonne kannst du dann deine Fische einsetzen. Wenn du dich an die folgenden Vorschläge hältst, wirst du viel Freude an deinem Aquarium haben.

Vorschlag 1:
Die ruhigen Typen
7 Neon
5 Schwarze Phantomsalmler (2 Männchen, 3 Weibchen)
5 Keilfleckbärblinge
2 Zwergfadenfische (1 Männchen, 1 Weibchen)
3 Panzerwelse

Vorschlag 2:
Die flotten Typen
7 Zebrabärblinge
5 Sumatra-Barben
3 Brokatbarben
3 Panzerwelse
2 Purpur-Prachtbarsche (1 Männchen, 1 Weibchen)

Vorschlag 3:
Die Babytruppe
7 Zebrabärblinge
5 Trauermantelsalmler
3 Panzerwelse

Vorschlag 4:
Die Lebhaften
7 Schwarze Neon
5 Schmucksalmler
oder Rote Phantomsalmler

Vorschlag 5:
Coole Typen
3 kleine Schleierschwänze – auch das sind Goldfische. Tausche bei diesem Vorschlag in der Putzkolonne den Antennenwels gegen ein Saugmaul (→ Seite 14).

In leicht saurem Wasser zeigen Keilfleckbärblinge ihre schönsten Farben.

Nach weiteren drei Wochen kannst du die Vorschläge mit diesen Fischen ergänzen:

➤ Zu Vorschlag 1: 4 Guppys oder Platys (je 2 Paare)
➤ Zu Vorschlag 2: 4 Platys oder Black Mollys (je 2 Paare)
➤ Zu Vorschlag 3: 4 Platys, 4 Guppys, 2 Black Mollys (jeweils Paare)
➤ Zu Vorschlag 4: 3 Kampffische (1 Männchen, 2 Weibchen) oder 2 Schmetterlingsbuntbarsche (1 Paar)
➤ Zu Vorschlag 5: 5 Kardinalfische – das Geschlecht spielt keine Rolle.

CHECKLISTE

Regeln für die Fisch-WG

✔ Wähle nur Fische, die für dein kleines 60-cm-Becken nicht zu groß werden.

✔ Achte bei der Auswahl darauf, dass die Ansprüche der Fische an Wasserqualität und Temperatur gleich sind.

✔ Wähle für jede Region Fischarten aus: solche, die sich gern an der Wasseroberfläche aufhalten, Arten, die in der Mitte leben, und Fische, die am Grund wohnen.

✔ Setze nur Fische zusammen, deren Verhalten ähnlich ist. Blutsalmler vertragen sich z. B. nicht mit Guppys; sie zupfen und fressen ihnen die Flossen ab.

Fragen rund um das Kennenlernen

Warum ertrinken die Fische im Wasser eigentlich nicht so wie andere Lebewesen?

Normalerweise ertrinken Fische im Wasser nicht, obwohl sie wie alle Tiere Sauerstoff zum Atmen brauchen. Denn sie nehmen den notwendigen Sauerstoff über ihre Kiemen und die Schleimhaut auf, die den ganzen Körper umgibt. Und die Natur hat bei manchen Fischen eine zusätzliche Reserve eingebaut. Welse zum Beispiel, die in den sauerstoffarmen Bodenregionen der Gewässer leben, haben zusätzlich eine Darmatmung. Dabei schlucken sie an der Wasseroberfläche Luft. Im Darm entnehmen sie der Luft dann den notwendigen Sauerstoff. Die Fadenfische haben stattdessen ein Labyrinth (→ Seite 9) im Kopfbereich, das ähnlich arbeitet wie die Darmatmung der Welse.

Warum bewegen manche Fische die Flossen, auch wenn sie gar nicht schwimmen?

Dieses Verhalten ist besonders gut bei den Barschen zu beobachten. Von vorne gesehen schlagen die Flossen im Gegentakt – rechte Brustflosse nach vorne, linke nach hinten – und dann umgekehrt! So können sich diese Raubfische in einer Art Lauerposition halten und auf Fische warten. Mit einem einzigen Schlag ihrer Schwanzflosse stoßen sie dann nach vorne und machen Beute .

Können Fische eigentlich schlafen? Und wenn: Schlafen sie dann nachts, so wie wir?

Schlafen, so wie du es kennst – mit geschlossenen Augen – das wäre bei Fischen nicht sinnvoll. Fische ziehen sich in einen ruhigen Bereich ohne Strömung, oft auch unter Blätter oder in eine Höhle zurück, um zu ruhen. Drohende Gefahren registrieren sie über ihre Seitenlinie. Doch auch hier gibt es Ausnahmen. Die Prachtschmerle kann schon mal »so tief absacken«,

Ein Schwertträger-Männchen mit dem typischen »Schwert«. Oben sieht man ein Weibchen.

dass sie im Blattwerk »wie tot« auf der Seite liegt und sich berühren lässt, ohne sofort zu erschrecken. Bitte teste diese Reaktion aber nicht, die Schmerle erwacht dann plötzlich und kann sich selbst verletzen, wenn sie in Panik gegen die Scheiben des Aquariums schwimmt.

? Sind Fische eigentlich kitzlig und können sie so wie wir lachen?

Nein, lachen können Fische nicht. Aber sie reagieren auf Berührungen und Erschütterungen in der Umgebung äußerst empfindlich. Das ist auch der Grund, weswegen du niemandem erlauben solltest, an die Scheiben des Aquariums zu klopfen. Deine Fische erschrecken sonst so stark, dass sie fluchtartig durchs Becken schießen und sich in ihrer Angst an den harten Scheiben verletzen können.

? Warum stoßen Fische im Schwarm nicht zusammen, und warum stoßen sie nicht an die Glaswand des Aquariums?

Das verhindert ein sensibles Organ, das so genannte Seitenlinienorgan. Es zieht sich vom Kopf über beide Seiten des Körpers bis zur Schwanzspitze. Die einzelnen Sensoren empfangen die Signale nicht gleichzeitig. Aus den sich ergebenden Unterschieden können die Fische wie beim Radar Entfernungen gut kalkulieren.

? Können Fische hören und stört es sie, wenn ich in meinem Zimmer laute Musik höre?

Ja, Fische können hören. Zu laute Musik wird von Fischen wie von allen Lebewesen als besonders schlimmer Stress empfunden. Besonders die Bässe werden über die Aquarienscheiben von der Seitenlinie der Fische aufgenommen. Der Disco-Sound kann sogar den Herzrhythmus deiner Fische stören.
Fische können allerdings nicht so hören wie etwa ein Hund. Wenn du ihnen Namen gibst und sie rufst, werden sie nicht angeschwommen kommen. Sie können dich aber auf andere Weise erkennen und von anderen Menschen unterscheiden, indem sie die Art und den Rhythmus deiner Schritte wahrnehmen, wenn du durch das Zimmer gehst.

MEINE TIPPS FÜR DICH

Peter Stadelmann

Fische kombinieren

Die Fische in den Vorschlägen Seite 14 kannst du mit diesen Arten tauschen:

- **zu allen:** Saugmaul
- **Vorschlag 1, 2, 3:** Guppy, Molly, Platy, Neon (rote und schwarze), Roter von Rio, Schwertträger
- **Vorschlag 1, 2, 3, 4:** Antennenwels, Dornaugen, Panzerwelse, Schmucksalmler, Sternflecksalmler, Schlusslichtsalmler
- **Vorschlag 1, 2, 4:** Purpur-Prachtbarsch, Zwergbuntbarsche, Zwergmaulbrüter
- **Vorschlag 1, 3, 4:** Blaue Gurami, Glaswels, Karfunkelsalmler, Keilfleckbarbe, Knurrende Gurami, Rotmaulsalmler, Schlanksalmler, Zwergfadenfische
- **Vorschlag 2:** Haibarbe (nur Jungtiere), Prachtbarbe, Rückenschwimmender Kongowels, Sumatra-Barbe
- **Vorschlag 2, 3, 4:** Blutsalmler
- **Vorschlag 4:** Kampffische
- **Vorschlag 5:** junge Goldfische, Schleierschwanz

Richtige Unterbringung

Wo soll dein Aquarium stehen?

Eigentlich kann dein Aquarium überall stehen, solange eine Steckdose in der Nähe erreichbar ist. Du solltest aber folgende Kriterien beachten:

- Ein Aquarium gehört nicht auf das Fensterbrett. Dort fällt das Tageslicht von der Rückseite in das Becken. Das sieht nicht gut aus, es wird im Sommer auch zu heiß und außerdem lässt sich das Fenster nur schlecht putzen, da man ein volles Aquarium nicht verrücken kann.
- Egal, wo das Aquarium steht: Türen, Fenster sowie Vorhänge oder Blumen sollten ohne große Umstände gut erreichbar sein
- Das Aquarium sollte so stehen, dass du es bequem von deinem Lieblingsplatz, vielleicht vom Bett aus, betrachten kannst.
- Du brauchst genügend Platz rund um dein Aquarium für die regelmäßigen Pflegearbeiten.
- Das Aquarium sollte möglichst nahe an der Steckdose stehen. Da du mindestens drei freie Steckdosen brauchst, nimmst du eine Verlängerung mit einer Mehrfach-Dosenleiste.
- Ein Wasserzu- oder -ablauf ist nicht notwendig, er sollte aber gut erreichbar sein.

Diese Panzerwelse sind mit dem unterständigen Maul gut an das Leben in unteren Wasserregionen angepasst.

Geeigneter Unterbau

Denke daran: Ein Aquarium von 60 × 30 × 30 cm Größe fasst ca. 54 Liter Wasser. Das

Schillerbärblinge mit ihren langen Barteln leuchten besonders schön, wenn das Licht von der Seite ins Becken fällt.

Wasser allein wiegt ca. 54 kg. Da muss der Unterbau schon stabil sein. Im Gegensatz zu Tischen und Schränkchen aus der Möbelindustrie sind die Aquarientische oder Ständer aus dem Zoofachhandel speziell dafür konstruiert, solche Gewichte zu tragen.

➤ Falls du einen Tisch oder eine Kommode zu Hause entdeckt hast, machst du eine Belastungsprobe: Das Möbel darf sich weder verbiegen noch seitlich verdrehen, und Schubladen und Türen müssen sich noch gut bewegen lassen, wenn ein Erwachsener darauf sitzt. Die Oberfläche muss absolut eben sein!

➤ Günstig ist ein verschließbarer Stauraum in Aquariennähe für alles Zubehör wie Futter, Netz und was du sonst noch alles brauchst.

Sicherheit rund ums Aquarium

Zu deiner eigenen Sicherheit musst du unbedingt auf Folgendes achten:

➤ Am gefährlichsten ist die Kombination Strom-Wasser. Deshalb gilt: Wenn du etwas an den Geräten des Aquariums machst, **musst du unbedingt vorher den Stecker aus der Dose ziehen!** Ziehe aber niemals am Kabel , sondern fasse immer den Stecker direkt an – und zwar mit trockenen Fingern!

➤ Zusätzliche Sicherheit bietet ein FI-Schalter aus dem Fachhandel. So ein Fehlerstrom-Schutz-Schalter wird vor der Wandsteckdose installiert, aus der der Strom für dein Aquarium kommt. Er schaltet bei Fehlströmen oder einem Kurzschluss sofort ab.

➤ Sind Reparaturen an elektrischen Geräten und am Aquarium notwendig, dürfen sie nur von einem Fachmann ausgeführt werden.

TIPP

So gibt es keinen Ärger!

Folgende Punkte musst du mit deinen Eltern klären, bevor du dein Aquarium einrichtest:

➤ Ist das Aquarium in der Hausratversicherung und in der Haftpflichtversicherung mit berücksichtigt? Macht die Versicherung dafür besondere Auflagen?

➤ Haben alle elektrischen Geräte das VDE-Zeichen und das gültige TÜV-Zeichen GS für geprüfte Sicherheit?

➤ Beleuchtungen müssen unbedingt den Vermerk tragen »für Aquarien geeignet«.

Was du alles brauchst

Bevor du deine Fische kaufst, brauchst du eine Grundausstattung (→ Seite 28). So viel ist das aber nicht: Ein Aquarium, Filter, Heizung, Beleuchtung, Pflanzen und sonstiges Zubehör sorgen dafür, dass sich die Fische wohl fühlen. All das erhältst du im Zoofachhandel. Dort wirst du auch sachkundig beraten.

Das richtige Becken

➤ Ideal für Anfänger ist ein 60 cm langes Aquarium (→ Seite 6).

➤ Aquarien aus Glas sind heute alle rahmenlos und mit Silikon verklebt. Dazu wird oft ein Ober- und Unterrahmen geliefert.Ob du ihn brauchst, kommt darauf an, wo das Becken stehen soll.

➤ Aquarien ohne Unterrahmen müssen auf einer speziellen Matte oder einer 10 mm dicken Styroporplatte stehen. Glas darf niemals direkt auf einer festen Unterlage aufliegen. Das kleinste Sandkorn könnte die Bodenscheibe zum Platzen bringen.

➤ Dagegen müssen Aquarien mit Rahmen direkt auf

So sind Filter und Heizer richtig angeordnet. Der Wasserauslauf des Filters liegt genau in Höhe der Wasserlinie, so dass das ins Becken zurückströmende Wasser nicht plätschert.

Kakadu-Zwergbuntbarsche verteidigen selbstbewusst ihr Revier.

einem Tisch oder auf einem Regal stehen.

➤ Daneben findest du auch Plastik-Aquarien mit voll integriertem Bodenfilter und aufklappbaren Abdeckleuchten. Sie sehen sehr gut aus, erfordern aber eine sorgsame Pflege, damit die Kunststoffscheiben nicht verkratzen.

Filter

Filter sorgen dafür, dass das Aquarienwasser klar und sauber bleibt. Es gibt zwei verschiedene Filtertypen:

➤ Innenfilter werden in einer Ecke des Aquariums befestigt. Sie nehmen im Becken zwar etwas Platz weg, haben aber keine aus dem Becken hängenden Schläuche und sind leichter zu pflegen. Außerdem stören sie die Abdeckung nicht so sehr.

➤ Außenfilter stehen neben dem Aquarium und nehmen dort Platz weg. Außerdem sind die Verbindungsschläuche vom Becken zum Filter nicht immer einfach zu verlegen. Wähle deshalb besser einen Innenfilter.

➤ Die Filtermaterialien sind bei allen Filtern gleich. Biofiltermassen, in denen sich reinigende Bakterien ansiedeln, gibt es als grob- oder feinporigen Schaumstoff sowie als Röhrchen mit porösem Ton- und Glasmaterial.

➤ Als Antrieb drücken oder saugen Kreiselpumpen das Wasser durch die Filtermasse.

➤ Bei kleineren Innenfiltern drücken Membranpumpen Luftblasen von unten in das Steigrohr. Die aufsteigenden Blasen erzeugen einen Sog im Filtermaterial.

➤ Das Wasser strömt langsam durch den Filter, meist eine Schaumstoffpatrone, und wird dort mechanisch festgehalten.

➤ Mit Hähnen wird die Luftzufuhr gedrosselt, so dass es nicht blubbert. Für jedes Gerät ist ein eigener Hahn notwendig. Die richtige Anordnung findest du auf Seite 56.

➤ Bei der dann einsetzenden biologischen Filterung zersetzen die Bakterien in der Filtermasse den herausgefilterten Mulm und verwandeln ihn in Pflanzennährstoffe. Den notwendigen Sauerstoff beziehen sie aus dem Wasser (→ Seite 26). Was jetzt noch im Filter bleibt – den Mulm –,

TIPP

Futterautomaten

Wenn du in Ferien bist, sorgt ein Futterautomat immer für die richtige Futtermenge.

➤ Futterautomaten gibt es mit Batterie oder Netzgerät. Letztere verfügen über eine integrierte Zeitschaltuhr.

➤ Du solltest den Futterautomaten so programmieren, dass etwa 1 Stunde nach dem Lichteinschalten oder 1 Stunde vor dem Ausschalten gefüttert wird.

➤ Die Fische müssen an den Futterautomaten gewöhnt sein. Wähle die Portionen so klein, dass nach dem Füttern nichts übrig bleibt.

musst du bei der Reinigung des Filters jedes Mal auswaschen (→ Seite 41).

➤ Filterkohle (chemische Filterung) wird nur dann angewendet, wenn die Fische krank waren und mit Medikamenten behandelt werden mussten. Die Kohle filtert nach Abschluss der Behandlung die Rückstände der Medikamente wieder aus dem Wasser heraus.

Die Wassertemperatur darf ruhig einmal um 2 °C schwanken.

Sauerstoffversorgung

In der Natur sorgen Wind, Wellen und Pflanzen dafür, dass sich Wasser und Luft mischen und das Wasser genügend Sauerstoff für die Fische enthält. In deinem Aquarium liefern ebenfalls die Pflanzen den nötigen Sauerstoffgehalt im Wasser.

➤ Wird das Wasser an heißen Tagen sehr warm oder leben viele Fische im Aquarium, wird Sauerstoff knapp. Dann kannst du mit einem Oxydator nachhelfen. Er ist mit Oxydatorlösung gefüllt und gibt solange Sauerstoff ab, bis er leer nach oben steigt. Beim Nachfüllen musst du vorsichtig sein, da die Lösung leicht ätzend ist. Beachte genau die Gebrauchsanweisung.

➤ Membranpumpen, die Luft ins Wasser pumpen, können das nicht so gut. Sie reichern zwar das Wasser mit Sauerstoff an, treiben aber das für die Pflanzen notwendige Kohlendioxid aus. Wenn du sie nicht zu stark einstellst, geht es aber ganz gut, zumal du ja die Pumpe vielleicht sowieso zum Betrieb des Innenfilters angeschlossen hast .

Beleuchtung

Damit sich die Fische wohl fühlen und die Pflanzen im Aquarium gut wachsen, musst du es künstlich beleuchten – das normale Tageslicht reicht nicht aus. Die meisten Aquarienfische stammen aus den Tropen, wo es das ganze Jahr 12–14 Stunden am Tag hell ist. Sie brauchen auch im Aquarium 12–14 Stunden »Sonne« pro Tag.

➤ Es gibt Leuchtstoffröhren in verschiedenen Farben. Ich empfehle dir gelbliches Licht, weil es die Pflanzen auf relativ kurzen Stängeln schön buschig wachsen lässt.

➤ Eher bläuliches Licht führt dazu, das die Pflanzen mehr in die Höhe wachsen. Sie sind nicht so gut geeignet.

➤ Kaufe am besten eine Beleuchtung, die in die Abdeckung des Aquariums eingebaut ist. Sie wird auf das Aquarium aufgesetzt und enthält eine Leuchtstoffröhre. Für ein 30 cm hohes Becken reicht eine Röhre aus.

➤ Damit du nicht immer daran denken musst, das Licht ein- und auszuschalten, regelst du die Lichtdauer über eine Zeitschaltuhr. So wird das Licht morgens automatisch ein- und abends wieder ausgeschaltet. Stelle die Zeit so ein, dass du abends Zeit hast, dein Aquarium, solange es noch beleuchtet ist, zu pflegen. Nach dem Ausschalten sollte das Licht im Zimmer noch 15 Minuten brennen.

Ihre intensiv gelbe Farbe zeigen die hübschen Zitronensalmler vor allem, wenn sie in leicht saurem Wasser leben.

So können die Fische in Ruhe zu ihren »Schlafplätzen« schwimmen.

➤ Wichtig: Pumpe und Filter dürfen nie mit der Beleuchtung an der Zeitschaltuhr hängen. Sie müssen rund um die Uhr 24 Stunden laufen.

Heizung

Alle in diesem Buch empfohlenen Fische – mit Ausnahme der Goldfische – sie brauchen Wasser mit Zimmertemperatur – lieben warmes Wasser. Ein elektrischer Stabheizer mit 50 Watt heizt das Wasser auf etwa 24 °C auf. Der im Heizer eingebaute Regler sorgt für eine gleichbleibende Wassertemperatur. Er schaltet sich bei etwa 22 °C ein und bei 24 °C wieder aus. Ein außen angebrachtes Klebe- oder ein Innenthermometer zeigt die Gradzahl an.

CO_2-Gerät

Zum Wachsen brauchen Pflanzen außer Dünger und Licht Kohlendioxid (CO_2). Zwar scheiden alle Lebewesen, auch die Filterbakterien, CO_2 aus. Leider reicht das aber oft für die Pflanzen nicht aus. Kleine Geräte, Carbonator genannt, reichern das Wasser mit CO_2 an.

CHECKLISTE

Regelmäßig prüfen

- ✔ Ist es rund um das Aquarium trocken?
- ✔ Geht das Licht pünktlich an und aus und ist die Temperatur richtig eingestellt?
- ✔ Läuft der Filter richtig und hat er genügend Strömung?
- ✔ Ist die Filtermasse sauber?
- ✔ Hat das CO_2-Gerät noch genügend Reserve?
- ✔ Wenn die Schläuche an den Hähnen nicht mehr fest sitzen: Anschneiden und wieder über die Hähne ziehen.
- ✔ Liegt der Luftschlauch der Pumpe über dem Wasser?
- ✔ Keine schweren Gegenstände auf die Abdeckung! Sie verbiegt sich, es kann zu einem Kurzschluss kommen.

Geeignete Pflanzen

Aquarienpflanzen sind für deine Fische lebenswichtig: Sie reinigen zusammen mit dem Filter das Wasser und spenden den Fischen den notwendigen Sauerstoff. Umgekehrt nehmen sie von den Fischen abgegebenes CO_2 aus dem Wasser auf. Und sie bieten Fischen Versteckmöglichkeiten. Manche Fische legen auf den Blättern ihre Eier ab.

Guppy-Männchen (oben) und Guppy-Weibchen sind beide schön gezeichnet.

Gesunde Pflanzen

Licht: Um ausreichend Photosynthese betreiben zu können, benötigen Pflanzen pro Tag 12–14 Stunden Licht. Nur dann können sie aus Licht, Wasser und Kohlendioxid genug Pflanzenmaterial aufbauen und dabei Sauerstoff ins Wasser abgeben.

Dünger: Um gut zu wachsen, brauchen Pflanzen außerdem Nährstoffe wie Stickstoff und Eisen. Eisen musst du extra zugeben in Form von Eisenoxid-Dünger. Stickstoff ist meist durch den Kot der Fische ausreichend im Wasser vorhanden. Nur große Blattpflanzen benötigen manchmal eine Extra-Portion Stickstoff in Tablettenform.

Bodengrund: Die meisten Pflanzen brauchen einen Boden, in dem ihre Wurzeln Halt finden. Genau richtig ist kalkfreier Kies in der Körnung 3–5 mm. Ist er gröber, bleibt zu viel Schmutz darin hängen, ist er zu fein, kann er sich verdichten und faulen. Manche Pflanzen wie der Javafarn wachsen gerne auf Wurzeln, wieder andere wie z. B. der Eichenlaubfarn sind reine Schwimmpflanzen. Sie treiben auf der Oberfläche und strecken ihre so genannten Luftwurzeln ins Wasser.

Pflanzentypen

Rosettenpflanzen: Zu ihnen gehören alle Pflanzen, bei denen die Blätter von einem Punkt aus wie aus einer Rosette heraus wachsen.

➤ Amazonas-Schwertpflanzen (*Echinodorus*-Arten) sind gut als Einzelpflanzen geeignet. Sie vermehren sich über Ableger. Das sind winzige Jungpflanzen, die als kleine Blattrosetten an langen Stängeln der Mutterpflanze wachsen. Die Wurzeln entwickeln sich erst später.

➤ Wasserkelche *(Cryptocorynen)* haben ihren Namen von ihren Blütenkelchen, die oft über die Wasseroberfläche ragen. Sie vermehren sich durch Ableger im Boden: Zuerst bildet sich die Wurzel, dann das Blatt.

➤ Pfeilkräuter und Wasserschrauben (*Vallisneria* und *Sagittaria*) wachsen dicht wie Rasen und können sogar

1 **Rosettenpflanzen**

Wasserkelch ist eine typische Rosettenpflanze. Wuchert sie zu stark, schneidet man die Pflanze zurück (→ Seite 47). Regelmäßig düngen.

2 **Stängelpflanzen**

Der Wasserfreund darf ruhig höher werden, muss aber regelmäßig eingekürzt werden. Er baut viele Schadstoffe im Wasser ab.

3 **Schwimmpflanzen**

Schwimmfarne nehmen viele Nährstoffe aus dem Wasser auf und hemmen Algenwuchs. Zu große Exemplare entfernt man bis auf einen Ableger.

schwer abbaubares Nitrat aus dem Wasser filtern.

Stängelpflanzen: Als Stängelpflanzen bezeichnet man Pflanzen, bei denen die Blätter an einem Stängel sitzen. Der Wasserfreund (*Hygrophila*-Arten) wird als Bündel oft ohne Wurzeln verkauft. Den Bund legst du einfach so auf den Kies, dass ein Ende frei bleibt und beschwerst ihn mit einem Stein. Nach wenigen Tagen haben die Pflanzen Wurzeln gebildet. Wenn sie zu groß werden und sich an der Oberfläche »kringeln« schneidest du einfach zwei Drittel der Höhe ab. Ein Blatt sollte am Stängel bleiben, damit sich die Pflanze verzweigt und buschig wird. Das kannst du beliebig oft wiederholen. Die abgeschnittenen Teile legst du wieder unter einen Stein, sie treiben Wurzeln.

Speerblätter (*Anubias*-Arten): Speerblätter kommen mit wenig Licht aus. Sie wachsen auch unter anderen Pflanzen, z. B. einer Amazonas-Schwertpflanze gut und gedeihen im Bodengrund oder auf einer Wurzel. Sie breiten sich aus, indem sie zuerst ein neues Blatt und erst dann die Wurzeln bilden. Du kannst sie leicht vermehren, indem du sie in zwei Hälften teilst und das neue Stück auf eine Wurzel bindest.

Farne: Manche Farne wie der Java-Farn brauchen nur wenig Licht und wachsen gern auf Wurzelstücken. Die Jungpflanzen entwickeln sich an den Blattunterseiten der Mutterpflanze.

Schwimmpflanzen: Sie sind nicht fest im Boden verwurzelt, sondern treiben an der Wasseroberfläche. Beispiele sind der Wasserhornfarn *(Ceratopteris cornuta)* und der Sumatrafarn *(Ceratopteris thalictroides)*. Sie treiben auf der Wasseroberfläche und spenden Schatten im Aquarium. So unterdrücken sie zwar das Wachstum der Bodenpflanzen, sind aber gut für Jungfische, die sich zwischen ihnen verstecken oder für Fadenfische, die ihre Schaumnester bauen und in der oberen Wasserschicht leben.

Einrichten macht Spaß

Ein paar Tipps vorweg, bevor du mit dem Einrichten deiner kleinen Wasserwelt beginnst:

➤ Ein »Trockentraining« kann sehr hilfreich sein. Dafür legst du dir alles, was in das Aquarium hineinkommt (außer Pflanzen und Fischen natürlich) rings um das Becken bereit, das für diese Übung noch nicht am endgültigen Ort stehen muss.

Zwergfadenfisch-Männchen: Oben die Naturform, unten die Goldvariante.

➤ Nun testest du – ohne Kies und Wasser, ob alles in das Aquarium passt und wie die einzelnen Elemente wirken.

➤ Überlege, ob noch genug Raum für die Pflanzen ist und ob die Fische genug Platz zum Schwimmen haben.

➤ Wenn alles passt, stellst du das Aquarium an den endgültigen Platz. Es kann und darf später nicht mehr verschoben werden. Bei Becken ohne Rahmen legst du eine Styroporplatte als Schutz unter. Überstehendes Styropor kannst du vorsichtig mit einer Rasierklinge abschneiden.

➤ Zum Schluss befestigst du noch die Deko-Rückwand mit Tesafilm außen am Aquarium. Sie ist nötig, damit du später die Fische vor dem ruhigen Hintergrund gut beobachten kannst.

Vorbereiten

Ein bis zwei Tage vor dem Einrichten besorgst du die Pflanzen. Lege sie in eine Schale mit Wasser, decke sie ganz mit Folie ab und stelle sie dann an einen dunklen Platz, damit sie sich nicht

CHECKLISTE

Einkaufsliste

Zum Einrichten deines Aquariums brauchst du:

- ✔ 1 Aquarium 60 × 30 × 30 cm aus Glas mit Abdeckung, integrierter Leuchtstoffröhre, Papp-Rückwand. Bei Becken ohne Rahmen: Styroporplatte (10 cm dick)
- ✔ 6 Beutel Quarzkies à 2,5 kg (Körnung 3–6 mm), 1 Packung Nährboden
- ✔ Filter mit Pumpe, Filtermaterial, Zuleitungen, Filterbakterien, Mulmsauger, Regelheizer mit Thermometer, Futterautomat, Wasseraufbereiter, Eisendünger
- ✔ Zeitschaltuhr für das Licht
- ✔ Mehrfachstecker, FI-Schutzschalter, 10-l-Eimer, 1,5 m Schlauch für den Wasserwechsel (12/16 mm); Gießkanne, Scheibenreiniger
- ✔ Dekomaterial: 3 rundliche und 1 flacher kalkfreier Stein, 1 Aquarienwurzel
- ✔ Pflanzen für den Hintergrund: 1 × Vallisnerie, 2 × Wasser-Haarnixen, 2 × Amazonas-Schwertpflanze, 1 × Ludwigia
- ✔ für die Mitte: 1 × Javafarn, 1 × Barters Zwerg-Speerblatt,
- ✔ für den Vordergrund: 1 × Wendt's Wasserkelch, 1 × Neuseeland-Graspflanze, 1 × Walkers Wasserkelch

Diese Angaben passen für alle Besatzvorschläge.

1 Bodengrund einbringen

Zuerst füllst du etwa zwei Finger breit gewaschenen Kies ins Becken ein und verteilst darauf den Nährboden, und zwar hinten etwas höher als im Vordergrund des Beckens. Nach hinten kannst du auch eine kleine Terrasse anlegen. Dann bringst du das Deko-Material (→ Checkliste links und unten) ein und gibst zum Schluss den restlichen Kies dazu.

2 Filter installieren

Du kannst den Filter in das fertig eingerichtete Aquarium einsetzen so wie später nach der Reinigung des Filtermaterials. Beim Einrichten befestigst du den Filter im halb gefüllten Becken an der Rückseite. Achte darauf, dass der Wasserstrahl, der aus dem Filter sprudelt, zur Frontscheibe hin geht. So wird die Strömung gebrochen und stört die Fische nicht.

nach dem Licht richten und krumm werden.

Zum Einrichten solltest du dir mindestens einen Tag Zeit nehmen, am besten aber ein ganzes Wochenende.

Jetzt brauchst du nur noch folgende Hilfsmittel:

- eine Plastikwanne und Gummihandschuhe zum Kieswaschen,
- eine Gießkanne mit Brause zum Wasser einfüllen,
- ein kleines Styroporstück und Zeitungspapier
- Handtuch, Putzlappen, Handbesen und Eimer – wenn mal was daneben geht.

Der Bodengrund

- Nun wäschst du in der Wanne sorgfältig den Kies.
- Ein Drittel des Kieses verteilst du auf dem Boden des Aquariums. Darüber kommt der Nährboden und als letzte Schicht der restliche Kies.
- Streiche den Boden schön glatt. Zur Rückseite des Beckens kannst du den Bodengrund etwas ansteigen lassen, da hier die tiefer wurzelnden Pflanzen eingesetzt werden.

Dekoration

Jetzt kannst du deiner Fantasie freien Lauf lassen. Du könntest zum Beispiel aus selbst gesammelten Natursteinen eine Terrasse bauen.

- In einer der vorderen Ecken kannst du eine Wurzel auf den Kies legen. Sie dient den Fischen als Versteckmöglichkeit, und außerdem kannst du sie bepflanzen.
- Aus Lavasteinen kannst du ganz leicht eine Höhle für deine Fische bauen. Du nimmst eine Kaffeetasse und baust die Höhle darum herum. Die einzelnen Teile verklebst du mit transparentem Aquarien-Silikon. Einige Punkte genügen. Achte da-

rauf, dass du die Steine nicht aus Versehen mit der Tasse verklebst. Nach 24 Stunden ist die Höhle fest, du kannst die Tasse wegnehmen und mit einer Wurzel dekorieren.

Wasser einfüllen

Nun legst du ein Stück Styropor in eine Ecke des Beckens, bedeckst es mit einem größeren Stück Zeitungspapier und füllst über die Brause der

Beim Pflanzen bettet man die Wurzeln vorsichtig in die Kies-Mulde ein.

Gießkanne behutsam das Becken zu einem Drittel mit Wasser auf. Dank des Papiers wird der Boden nicht aufgewirbelt wird. Danach entfernst du Styropor und Zeitungspapier wieder. Das restliche Wasser füllst du ein, nachdem Pflanzen und Technik eingesetzt sind. Nun kippst du den Wasseraufbereiter ins Becken. Dieses Mittel sorgt dafür, dass Schadstoffe im Wasser gebunden werden.

Pflanzen einsetzen

Als Grundregel gilt: Niedrige Pflanzen kommen in den Vordergrund, mittelhohe in die Mitte und die hoch wachsenden in den Hintergrund des Aquariums. Welche Pflanzen für welchen Platz geeignet sind, findest du in der Checkliste auf Seite 28.

➤ Ziehe die Pflanzen vorsichtig aus den Töpfen. Am leichtesten geht das, wenn du sie umdrehst und den Topf leicht gegen eine Tischkante klopfst.

➤ Bei Amazonas-Schwertpflanzen kannst du die Wurzeln mit der Schere bis auf 2 cm kürzen. Knipse die Wurzeln nie mit den Fingern ab – sie werden sonst gequetscht und faulen. Bei Cryptocorynen dürfen die Wurzeln nicht gekürzt werden.

➤ Grabe mit den Fingern eine Mulde in den Kies, setzte die Pflanze ein und fülle das Loch mit Kies wieder auf.

➤ Ziehe die Pflanze ganz vorsichtig ein wenig nach oben. So wird verhindert, dass die Wurzeln geknickt werden.

➤ Stängelpflanzen legst du flach auf den Kies und beschwerst sie mit einem Stein. Die Wurzelspitzen sollten nicht in den Kies gedrückt werden. Binnen 24 Stunden richten sich die Stängel senkrecht zum Licht hin. Die

TIPP

Den pH-Wert prüfen

Die hier empfohlenen Fische halten alle normales Leitungswasser aus. Das ist zwar nicht immer optimal, aber gleichmäßig in seiner Zusammensetzung.

➤ Nur den pH-Wert solltest du einmal im Monat messen. Er gibt den Säuregehalt des Wassers an. Dafür gibt es Messstäbchen im Zoofachhandel, die du ins Wasser hältst. Der Wert sollte zwischen pH 6 und pH 7 liegen.

➤ Nur beim Einrichten oder dem regelmäßigen Wasserwechsel gibst du Wasseraufbereiter zu. Er macht aus Leitungswasser gutes Aquarienwasser.

Pflanzen treiben dann an mehreren Stellen Wurzeln und wachsen rasch an.

Geräte einsetzen

➤ Den Filter und die Heizung befestigst du hinten im Aquarium je in einer Ecke mit den mitgelieferten Saugnäpfen an der Glasscheibe.
➤ Das Thermometer kommt an die vordere Scheibe oder seitlich, damit du bequem die Temperatur ablesen kannst.
➤ Nun gibst du den Eisendünger für die Pflanzen sowie die Filterbakterien ins Wasser.

Mit Wasser auffüllen

Wenn du so weit bist, füllst du es vorsichtig bis 2 cm unterhalb der Oberkante oder des Rahmens mit Wasser. So bleibt Platz für Schwimmpflanzen und es spritzt kein Wasser an die Lampe.

Mit modernen Geräten aus dem Zoofachhandel ist die Kontrolle der Wasserwerte – hier des pH-Werts – ein Kinderspiel!

Das »Einfahren«

In den nächsten Tagen kann das Wasser trübe werden; das ist normal. Die Pflanzen brauchen Zeit, um anzuwachsen, und die Filterbakterien müssen den Filter und den ganzen Bodengrund besiedeln. Dein Aquarium beginnt jetzt zu leben. An den Scheiben kann sich weißer Eiweißschleim ansetzen. Das ist weiter nicht schlimm. Er wird später von Schnecken und Algenfressern beseitigt. Der Aquarianer sagt zu diesem Prozess: Das Aquarium wird »eingefahren«. Erst nach etwa sechs bis zehn Tagen ist das Wasser wieder klar und du kannst die Fische kaufen. Aber schalte schon beim Einfahren die Zeitschaltuhr ein, damit das Aquarium beleuchtet ist. Das sieht nicht nur gut aus, sondern unterstützt den Pflanzenwuchs.

Die Fische kommen: Kauf und Transport

Endlich ist es so weit: Du kannst zum Kauf deiner Fische in den Zoofachhandel gehen. Sicher hast du die Möglichkeit, Anzeigen in der Zeitung und Angebote der verschiedenen Geschäfte zu vergleichen. Tipp: Wo es Fische und Pflanzen gibt, da bekommst du auch die entsprechende Beratung. Am besten gehst du am Nachmittag in das Geschäft, dann haben die Fachkräfte mehr Zeit für dich als in den hektischen Abendstunden und du kannst alles fragen, was du über deine zukünftigen Fische noch zusätzlich wissen willst. Erkundige dich, wann die neuen Fische geliefert werden– meist ist das donnerstags der Fall. Gehe öfter in das Geschäft und beobachte die Tiere über mehrere Tage bis zur nächsten Woche, bevor du dich entscheidest. Lass dir zeigen, wie sie gefüttert werden und was sie fressen.

Ein Fächer-Guppy-Weibchen mit Laichfleck vor der runden Afterflosse.

Transport

Das Herausfangen der Fische beim Zoohändler und auch der Transport bedeuten für die Fische Stress. Für den Transport werden die Fische vom Verkaufspersonal fachgerecht in einem Plastikbeutel mit Wasser und Sauerstoff verpackt. Dieser Beutel wird außerdem in Zeitungspapier gewickelt. So sind die Fische

CHECKLISTE

Goldene Regeln für den Fische-Kauf

- ✔ Mache eine Liste mit den Fischen, für die du dich entschieden hast oder nimm dieses Buch zum Einkaufen mit.
- ✔ Kaufe die Fische nacheinander, also zuerst die Fische der Putzkolonne, später dann die übrigen Fische.
- ✔ Kaufe nur bei einem Händler, dessen Aquarien sauber sind. Das Wasser muss klar und die Scheiben müssen frei von Algen sein.
- ✔ Wenn das Wasser im Aquarium verfärbt ist oder seltsam riecht, solltest du keine Fische kaufen.
- ✔ Kaufe niemals kranke Tiere. Gesunde Fische schwimmen munter umher. Ausnahmen sind nachtaktive Fische und solche, die am Boden leben wie etwa die Welse. Sie bewegen sich generell wenig.
- ✔ Kranke Fische haben zum Beispiel weiße Pünktchen, watteartige Beläge, zerfranste Flossen oder eine trübe Haut. Solche Tiere solltest du niemals kaufen.
- ✔ Sage beim Einpacken der Fische, wie lange du etwa unterwegs sein wirst und lasse dir beim Transport der Fische von jemandem helfen, damit ihr sicher nach Hause kommt.

1 Akklimatisieren

Nachdem dein Aquarium »eingefahren« ist und du dir deine Fische beim Händler ausgesucht und abgeholt hast, legst du den Beutel 15 Minuten auf die Wasseroberfläche, damit sich die Wassertemperatur angleicht. Aber Vorsicht: Das Transportwasser kann dein Aquarium zum Überlaufen bringen. Schöpfe also besser vorher die entsprechende Menge ab.

2 Einsetzen

Nach und nach hat sich die Temperatur im Beutel an die im Aquarium angeglichen und die Fische haben sich von dem stressigen Transport etwas beruhigt. Lasse sie vorsichtig herausschwimmen. Lege die Abdeckung des Beckens auf, aber schalte die Beleuchtung noch nicht ein. So können die Fische nicht herausspringen und gewöhnen sich außerdem besser ein.

vor Kälte geschützt, außerdem sind sie in einer dunklen Umgebung meist ruhiger. Trage die Beutel waagerecht, dann ist der Wasserspiegel größer und der Sauerstoff kann sich beim Transport mit dem Wasser besser mischen. Wenn du mit den Fischen länger unterwegs bist, sind Isolierbeutel praktisch. Du kennst sie von der Kühltheke.

Fische einsetzen

Fische sind wechselwarme Tiere. Sie können ihre Körpertemperatur nicht selbst regulieren, sondern sind von der Umgebungstemperatur abhängig. Plötzliche Temperaturwechsel vertragen sie deshalb schlecht. Du musst also beim Einsetzen deiner Fische ins Aquarium sehr vorsichtig sein.

➤ Lege den Beutel ca. 15 Minuten auf die Wasseroberfläche, damit sich die Temperaturen angleichen können.

➤ Nun öffnest du den Beutel, hältst ihn mit einer Hand und füllst mit einem Becher langsam Wasser aus dem Aquarium ein, bis der Beutel voll ist.

➤ Dann kannst du die Fische langsam heraus schwimmen lassen – aber bitte den Beutel nicht auskippen!

➤ Erst nach etwa einer Stunde darfst du die Beleuchtung des Aquariums einschalten. Die Fische gewöhnen sich schneller an ihr neues Zuhause, wenn zunächst nur die Beleuchtung im Zimmer eingeschaltet und es im Aquarium etwas dämmrig ist.

➤ Am ersten Tag darfst du die Fische noch nicht füttern.

➤ Halte beim Kauf und beim Einsetzen der verschiedenen Fischarten die Zeitabstände ein, die bei den Besatzvorschlägen empfohlen sind.

Fragen rund um Kauf und richtige Unterbringung

? Muss ich die Luftpumpe im Aquarium ober- oder unterhalb des Wasserspiegels anbringen?
Sicherer ist es, wenn du die ganze Luftpumpe oberhalb des Wasserspiegels anbringst. Liegt sie neben dem Becken unterhalb des Wasserspiegels, kann unter Umständen Kondenswasser im Schlauch zur Pumpe laufen. Dies kann zu einem Kurzschluss führen. Ich empfehle auch, zusätzlich immer ein Rückschlagventil (es funktioniert ähnlich wie ein Ventil an einem Fahrradschlauch), auch wenn die Pumpe über dem Wasserspiegel hängt. Ein solches Ventil sorgt dafür, dass kein Wasser in die Pumpe eindringt.

? In meinem Zimmer wird es im Sommer sehr heiß. Was kann ich tun, damit das Wasser im Aquarium nicht zu warm wird?
Leider gibt es da nicht besonders viele Möglichkeiten. Du kannst nur versuchen, das Zimmer kühler zu halten, indem du während der heißen Zeit die Vorhänge zuziehst oder – soweit sie vorhanden sind – die Rolläden herunterlässt. Wenn es im Zimmer zu warm wird, erwärmt sich auch das Wasser im Becken. Warmes Wasser enthält aber weniger Sauerstoff, da hilft nur ein Oxydator. Auf keinen Fall darfst du versuchen, das Wasser mit Eiswürfeln zu kühlen – die Fische bekämen sonst einen schweren Schock.

? Ist es in Ordnung, wenn ich auf dem Flohmarkt gebrauchte Geräte für mein Aquarium kaufe? Worauf muss ich achten?
Leider muss ich dir vom Kauf von Geräten für das Aquarium auf dem Flohmarkt abraten. Es ist einfach zu schwierig, zu beurteilen, ob ein Aquarium dicht ist oder eine Pumpe oder ein Filter noch in Ordnung sind. Aber selbstverständlich kannst du Geräte, die noch funktionieren oder anderes Zubehör zum Aquarium auf dem Flohmarkt verkaufen.

Männliche Küssende Guramis zerren sich oft an den Lippen: So messen sie ihre Kräfte.

? Die Pflanzen in meinem Aquarium wollen nicht richtig wachsen. Woran kann das liegen?

Wenn Aquarienpflanzen nicht gut wachsen, liegt das oft daran, dass die Beleuchtungsdauer nicht ausreicht oder die Leuchtstoffröhren überaltert sind. Diese Röhren solltest du unbedingt einmal im Jahr erneuern. Du kannst das Pflanzenwachstum zusätzlich anregen, indem du den Filter wechselst, einen Teil des Wassers im Aquarium austauschst und einen Eisendünger ins Wasser gibst. Überprüfe auch, ob der Carbonator noch funktioniert, damit die Pflanzen genug CO_2 bekommen. All diese Maßnahmen helfen sicher, dass deine Pflanzen wieder besser wachsen. Bei Rosettenpflanzen solltest du zusätzlich mit dem Finger den Boden etwas auflockern.

? Die Blätter meiner Amazonas-Schwertpflanze werden immer kleiner. Woran kann das liegen?

Dieses Phänomen ist typisch für Amazonas-Schwertpflanzen: Sie wachsen »rückwärts«. Dabei werden die neuen Blätter immer kleiner und heller als die alten. Wenn das passiert, entfernst du vom Rand der Pflanze her zwei Drittel aller Blätter sowie alle Ableger. Anschließend lockerst du rund um die Wurzeln den Kies und drückst eine Stickstofftablette in den Wurzelbereich. Wenn du dann noch einen Eisen-Depot-Dünger ins Wasser gibst und für ausreichend CO_2-Zufuhr sorgst, wird sich deine Amazonas schnell erholen und wieder gut wachsen.

? Darf ich mein Aquarium mit Plastikpflanzen dekorieren oder kann der Kunststoff den Fischen schaden?

Wenn du das Becken zusätzlich zu richtigen Pflanzen nur mit ein paar Plastikpflanzen dekorierst, ist das kein Problem. Achte aber darauf, dass du nicht zu viele Plastikpflanzen verwendest und dass du dann besonders viele schnellwüchsige Stängelpflanzen in das Aquarium setzt, die das Wasser reinigen und den Fischen Sauerstoff liefern können. Denn die Plastikpflanzen dienen ja lediglich zur Dekoration und können keine Schadstoffe im Wasser abbauen.

MEINE TIPPS FÜR DICH

Peter Stadelmann

So wirst du ein guter Aquarianer

- Lasse dir viel Zeit beim Einkaufen und hebe Kassenzettel und Garantiescheine sorgfältig auf.
- Lies die Gebrauchsanleitungen für alle Geräte immer ganz genau.
- Wenn du einmal einen Fehler gemacht hast, dann lerne daraus.
- Wenn dir etwas seltsam vorkommt, schreibe es auf und notiere Tag für Tag die Veränderungen.
- Überlege genau, ob du etwas falsch gemacht hast, lese dann im Buch nach oder frage deinen Zoofachhändler um Rat.
- Lasse elektrische Zuleitungen immer von einem Fachmann legen – frage dafür deine Eltern.
- Lasse dir von Freunden und Verwandten keine Fische schenken. Sie mögen gesund erscheinen, können aber Krankheitserreger einschleppen und deine Fische anstecken.

Fit-und-gesund-Programm

Das schmeckt deinen Fischen

Das Füttern soll die Fische nicht nur satt machen. Du solltest dabei auch beobachten, ob alle Fische zum Fressen kommen und ob jede Portion sofort ganz aufgefressen wird. So siehst du, ob die

Kirschfleck- und Kongosalmler vertragen sich gut mit Roten Neons.

Fische gesund sind. Futter darf nie zu Boden sinken, was nicht sofort gefressen wird, verdirbt. Nimm dir zum Füttern eine halbe Stunde Zeit.

Futtertypen

Egal, welches Futter du deinen Fischen gibst, wichtig ist, dass du abwechslungsreich fütterst und nicht zu viel. Das Angebot an Futtersorten ist riesig. Die Bestandteile sind sich sehr ähnlich. Das moderne Trockenfutter enthält alle wichtigen Nährstoffe in ausreichender Menge und auch genügend Ballaststoffe. Achte aber auf die speziellen Ansprüche der Fische: Pflanzenfresser brauchen Futter mit einem hohen Anteil an Pflanzen, Fleischfresser brauchen Futter mit viel Eiweiß. Man füttert immer erst die leichter verdaulichen Flocken – gegen den schnellen Hunger. Auch wenn das Futter gleich aussieht, so sind die Inhaltsstoffe meist sehr unterschiedlich.

Welcher Futtertyp für wen?

Flocken: Futterflocken sind für alle Fische geeignet.
Granulatkörner (Krümel): Sie sind nahrhafter als die Flocken. Am besten gibt man Flocken und Krümel abwechselnd. Die Granulatkörner sind vor allem für Salmler, Welse und Barsche geeignet.
Futtersticks: Das sind Stäbchen aus gepresstem Trockenfutter. Es eignet sich für größere Fische wie Barsche.
Futtertabletten: Sie sind vor allem für am Boden lebende Fische wie Welse ideal, weil sie rasch zu Boden sinken.
FD-Futter: Es besteht aus gefriergetrockneten Futtertieren und ist besonders für Lebendgebärende, Salmler und Barsche geeignet.
Frostfutter: Dies sind tiefgefrorene Futtertiere für alle Fische. Sie sind als Würfel gefroren und du gibst sie einfach ins Wasser. Bei großen Fischen taust du sie vorher auf, sonst können die Fische gefrorene Brocken verschlucken. Das kann zu Verdauungsbeschwerden führen.
Lebendfutter: Wenn ihr eine Regentonne oder einen Gartenteich habt, kannst du ab und zu Mückenlarven, Wasserflöhe und andere Kleintiere herausfangen und an deine Fische verfüttern. Alles, was sich hüpfend bewegt, ist geeignet. Aus öffentlichen Ge-

wässern darfst du keine Tiere fangen, das ist aus Naturschutzgründen verboten.

Aufzuchtfutter für Jungfische: Es unterscheidet sich ganz erheblich vom normalen Futter. Es ist reicher an Nährstoffen und Spurenelementen. Deshalb genügt es nicht, für Jungfische normale Flocken klein zu reiben. Die Babys würden im Wachstum, Knochenbau und in der Färbung zurückbleiben.

Zusätzlich wichtig

Vitamine, Mineralien und Spurenelemente sind zwar in den meisten Futtersorten enthalten, jedoch reichen sie oft nicht aus. Wenn deine Lebendgebärenden Babys bekommen, verbrauchen die Muttertiere große Mengen Vitamine und Mineralien. Du musst sie deshalb zufüttern.

➤ Gib auf jeden Frostfutterwürfel oder jede Tablette einen Tropfen Vitamine aus dem Zoofachhandel. So werden sie ganz sicher von den Fischen aufgenommen und landen nicht im Filter.

Wie viel Futter?

Füttern macht Spaß – aber verkneife es dir, deine Fische zu überfüttern, sie werden sonst träge und anfällig für Krankheiten.

➤ Füttere nur so viel, wie sofort gefressen wird. Das Futter darf nicht mehr als 5 cm unter die Wasseroberfläche sinken, sonst war es zu viel. Es wird nicht mehr gefressen, fault, wird in den Filter gesogen und verdirbt das Wasser.

➤ Füttere lieber mehrmals täglich in kleinen Portionen als alles auf einmal. Wenn du mal keine Zeit hast, lässt du eine Fütterung aus. Das macht den Fischen nichts – in der Natur finden sie auch nicht jeden Tag Futter.

Antennenwelse machen sich gerne über Futtertabletten her.

CHECKLISTE

Regeln für das Füttern

- ✔ Füttere nur, wenn du auch Zeit hast, die Fische zu beobachten.
- ✔ Füttere erst 30 Min. nach Einschalten des Lichts.
- ✔ Füttere zuerst Flocken. Zerreibe sie nie mit den Fingern.
- ✔ Futtertabletten für die Welse gibst du eine Stunde später.
- ✔ Wechsle die Futtersorten ab.
- ✔ Gib das Futter in kleinen Portionen. Was tiefer als 5 cm absinkt, war zu viel.
- ✔ Stelle beim Füttern nie den Filter ab, die Fische sind an die Strömung gewöhnt
- ✔ Füttere nie, wenn du gerade im Aquarium hantiert hast, die Fische sind gestresst und fressen nicht.

So pflegst du dein Aquarium

Fische mögen keine großen Putzaktionen – das bedeutet für sie Stress. Am besten machst du beim täglichen Füttern einen kleinen Check und entscheidest dann, welche Pflegearbeiten später nötig sind (→ Checkliste Seite 41). Das wichtigste ist,

Vorsicht beim Mulm-Absaugen: Verletze die Pflanzenwurzeln nicht!

dass das Wasser genug Sauerstoff und CO_2 enthält und so wenig Abfallstoffe wie möglich. Gegen unzugängliche Algen helfen Schnecken.

Wasserwechsel und Mulm absaugen

Der Wasserwechsel dient nicht dazu, Schmutz zu entfernen, sondern um durch frisches Wasser Spurenelemente zuzuführen. So werden die Abwehrkräfte der Fische gestärkt. Deshalb solltest du jede Woche ein Drittel des Wassers gegen frisches austauschen. Auch wenn das Becken gut bepflanzt ist und Pflanzen und Filterbakterien das Wasser reinigen, sammelt sich Mulm am Boden und in den Ecken. Sauge ihn beim Wasserwechsel gleich mit dem Mulmabsauger ab.

- Ziehe zuerst den Stecker von Heizer und Filter heraus.
- Stelle Schlauch und Eimer neben das Aquarium und fülle den Schlauch an der Leitung mit Wasser. Halte beide Enden nach oben und gehe zurück zum Aquarium.
- Nun hältst du mit dem Zeigefinger der linken Hand ein Schlauchende zu und hältst es über den Eimer.
- Das andere Schlauchende hältst du ins Aquarium und führst es über den Boden.
- Nun gibt der Zeigefinger der linken Hand das Schlauchende im Eimer frei.
- Das Wasser läuft aus dem Aquarium. Kommt ein Fisch dem Schlauchende im Aquarium zu nahe, kannst du den Wasserstrom stoppen, indem du das andere Ende mit dem linken Zeigefinger zuhältst.
- Vermeide es, in den Boden einzudringen, du verletzt sonst leicht die zarten Wurzelspitzen der Pflanzen.
- Bleibt etwas Mulm im Kies, schadet es nicht, er ist Dünger für die Pflanzen.
- Anschließend füllst du das Wasser mit der Gießkanne vorsichtig wieder auf.

Scheiben reinigen

Einmal pro Woche solltest du die Scheiben des Aquariums innen und außen reinigen.

- Die Innenseiten säuberst du mit einem Klingenreiniger, indem du die Algen von der Scheibe abschabst. Achte dabei darauf, nicht die Silikonverklebung zu verletzen.
- Praktisch ist ein Magnetreiniger. Er besteht aus einem Reinigungsmagneten im

Paradiesfische bauen wie Kampffische große Schaumnester. In ihnen wachsen ihre Jungen geschützt heran.

Wasser und dem Führmagneten außen an der Scheibe. Wenn du ganz langsam hin und her fährst, nimmt der äußere den inneren Magneten gut mit und schabt die Algen ab.

➤ Außen reinigst du die Scheiben mit warmem Wasser und einem Tuch. Nimm keine Fensterreiniger – gelangen sie ins Wasser, kann das Aquarium vergiftet werden.

Gerätepflege

Egal, welches Gerät du pflegst, immer gilt: Erst den Stecker aus der Dose ziehen!

Filter: Die Filter sind so ausgelegt, dass sie vier Wochen das Becken sauber halten.

➤ Mach es Dir zur Gewohnheit, monatlich das Filtermaterial auszuwaschen. Verwende aber kein heißes Wasser, sondern nur lauwarmes, weil sonst die Bakterien absterben. Den Schaumstoff kannst du ebenfalls auswaschen, erst wenn er seine Form verliert, musst du ihn auswechseln.

➤ Beim Motor genügt ein Wasserstrahl gegen die Fließrichtung zum Säubern. Nicht zerlegen – zu leicht geht ein Teil im Abfluss verloren.

Heizung: Lasse die Heizung zuerst etwas abkühlen. Wenn

CHECKLISTE

Täglich prüfen

Beim täglichen Füttern kannst du ganz nebenbei prüfen, ob mit deinem Aquarium alles in Ordnung ist:

- ✔ Funktionieren Licht und Schaltuhr?
- ✔ Zeigt das Thermometer die richtige Temperatur an?
- ✔ Stehen die Fische wie gewohnt in der Strömung – dann läuft der Filter.
- ✔ Ist das Wasser trübe oder sind vielleicht nur die Scheiben veralgt?
- ✔ Schwebt der Oxidator unter der Oberfläche? Dann muss er neu befüllt werden.
- ✔ Prüfe, ob der Carbonator noch genug CO_2 abgibt.

es nötig ist, wäschst du die Algen mit einen Schwamm ab. Normalerweise musst du nur die Sauger überprüfen und hart gewordene austauschen. Wichtig: Die Sauger dürfen nicht das Heizelement im unteren Teil berühren.
Beleuchtung: Prüfe regelmäßig, ob die Leuchte vielleicht veralgt oder verkalkt ist. Ziehe den Stecker und entkalke die Abdeckscheibe mit Essigwasser. Davon darf aber nichts ins Becken gelangen.

Der Antennenwels frisst Algen von Pflanzen, Steinen und den Scheiben.

Wichtig: Röhren altern und haben nach einem Jahr nur noch die halbe Leuchtkraft. Wechsle sie jährlich aus.

Algen

Ein Aquarium ohne Algen gibt es nicht. Zu starker Algenwuchs zeigt jedoch, dass zu viele Nährstoffe im Wasser sind, die von den Pflanzen nicht verarbeitet werden können. Wenn du bei den Besatzvorschlägen die Mengen und die Zeitabstände richtig eingehalten hast, wirst du jedoch nie große Probleme haben. Du musst nur die Sichtscheibe reinigen, alles andere erledigen Schnecken und Algenfresser. Verzichte möglichst auf Algenvernichter. Sie töten Algen ab, die toten Algen bleiben im Wasser, werden von den Bakterien zu Nährstoffen zersetzt und die Algen wachsen um so besser. Algenhemmer auf Strohbasis kannst du in Ausnahmefällen einsetzen. Tipp: Wenn es zu viele Algen gibt, fütterst du die Fische eine Woche nicht. Sie machen sich dann über die Algen her.

Schnecken

Schnecken im Aquarium sind ungemein nützlich. Wenn du beim Füttern alles richtig machst, werden sie auch nie überhand nehmen. Sie fressen z. B. Algen. Wenn es wirklich zu viele geworden sind, empfehle ich als Schneckenvertilger die Schachbrettschmerle.

Richtig düngen

Die Pflanzen im Aquarium brauchen regelmäßig Dünger. Abgestorbene Blätter saugst du beim Wasserwechsel mit ab. Zu groß gewordene Pflanzen kannst du zurückschneiden (→ Seite 47).

- Die wichtigsten Dünger sind Eisen und Stickstoff. Eisen brauchen die Pflanzen, um Blattgrün zu bilden, Stickstoff, um die Blätter aufzubauen.
- Flüssigdünger enthalten beide Nährstoffe. Verabreiche sie nach Anweisung auf der Packung.
- Düngetabletten enthalten meist Stickstoffkombinationen; drücke sie neben die Wurzeln in den Boden, wenn die Blätter kümmern.
- Depotdünger ist mit einer Schutzschicht umgeben; so wird der Dünger erst nach und nach freigegeben.
- Dünge nicht zu viel: Pflanzen und Algen wachsen sonst im Übermaß.

Pannenhilfe: Wenn etwas schief geht

Die Temperatur fällt ab

Ursache: Vermutlich ist der Heizer defekt.

Was du tun kannst: Fülle auf keinen Fall warmes Wasser ein. Ziehe den Stecker und tausche den Heizer aus. Das Wasser auf die normale Temperatur aufheizen. Fische zwei Tage nicht füttern.

Das Wasser wird trübe

Ursache: Vermutlich ist der Filter verstopft, weil du zu viel gefüttert hast.

Was du tun kannst: Wechsle das Filtermaterial aus. Tausche dann ein Drittel des Wassers und bereite es auf. Füttere nicht, bis das Wasser mehr als einen Tag klar war.

Flossen zeigen weiße Punkte

Ursache: Vermutlich haben die Fische die Pünktchenseuche, »Ichty« genannt.

Was du tun kannst: Gib nach Anweisung ein Medikament aus dem Zoofachhandel. Reinige den Filter und erhöhe den Sauerstoffgehalt. Füttere behutsam.

Der Filter ist zu laut

Ursache: Wahrscheinlich ist zu wenig Wasser im Becken.

Was du tun kannst: Fülle das Becken mit Wasser auf. Ist der Filter immer noch zu laut, ist möglicherweise ein Lager ausgeschlagen. Lasse den Händler nachsehen!

Aus dem Boden steigen Luftblasen

Ursache: Zu viel Futter, im Boden faulen Futterreste.

Was du tun kannst: Lockere mit den Fingerspitzen den Boden, damit die Gase entweichen, wechsle ein Drittel des Wassers und bereite es auf, reinige den Filter.

Fische haben weiße Flecken am Körper

Ursache: Deine Fische sind von Pilzen befallen.

Was du tun kannst: Wechsle ein Drittel des Wassers, reinige den Filter, erhöhe den Sauerstoffgehalt mit dem Oxydator. Gib eine Medizin aus dem Zoofachhandel nach der Packungs-Angabe.

Der Strom im Haus ist ausgefallen

Ursache: Kurzschluss

Was du tun kannst: Füttere die Fische 1 Tag nicht! Checke später Pumpe und Heizer. Der Heizer muss langsam wieder das Wasser erwärmen. Filter reinigen.

Das Wasser ist morgens trüb, abends klar

Ursache: Bakterientrübung.

Was du tun kannst: Mulm und Futterreste absaugen, Sauerstoffgehalt erhöhen. Gib nach der Anweisung ein Mittel aus dem Zoofachhandel. 3 Tage nicht füttern.

Rund um das Aquarium ist es feucht

Ursache: Undichtes Becken oder der Filter spritzt.

Was du tun kannst: Ziehe alle Stecker. Trockne alles ab. Bleibt es trocken, ist nur Wasser über den Filter gespritzt. Wenn nicht, brauchst du ein neues Becken.

So bleiben deine Fische gesund

Auch bei Fischen gilt: Vorbeugen ist besser als Heilen. Trotzdem können sich Krankheitserreger wie Pilze, Bakterien oder Viren ausbreiten. Die Krankheiten brechen aber meistens nur aus, wenn deine Fische durch Stress jeglicher Art geschwächt sind.

Mosaikfadenfische mögen ruhiges und etwas wärmeres Wasser.

➤ Wenn du das Wasser sauber hältst und für einen hohen Sauerstoffgehalt sorgst sowie regelmäßig und abwechslungsreich fütterst, schaffst du die besten Voraussetzungen dafür, dass deine Fische gesund bleiben.

➤ Reichere das Fischfutter mit Vitaminen und Spurenelementen an – sie stärken die Abwehrkräfte.

Wenn die Fische doch krank werden

Wenn beim Füttern nicht alle Fische zum Futterplatz kommen, dann ist das ein Alarmzeichen: Normalerweise kommt es nicht vor, dass die Fische keine Lust zum Fressen haben – das deutet meist auf eine Krankheit hin.

➤ Höre in diesem Fall sofort auf zu füttern und schaue deine Fische ganz genau an, ob du Anzeichen einer Krankheit finden kannst, wie sie in der Tabelle auf Seite 45 beschrieben sind.

Fische behandeln

➤ Mache zunächst eine Liste mit den Symptomen, die du bei den Fischen entdeckt hast.

➤ Gehe mit der Liste zum Zoofachhändler oder Tierarzt und lasse dich beraten und dir ein Medikament geben.

➤ Reinige den Filter, bevor du das Medikament ins Wasser gibst.

➤ Beachte genau die Dosierungsanleitung auf der Packung. Sie hängt von der Wassermenge im Becken ab.

➤ Verwende niemals Wasseraufbereitungsmittel und Medikamente zusammen. Die Medizin wirkt sonst nicht mehr richtig.

➤ Erhöhe während der Behandlung den Sauerstoffgehalt im Wasser, weil manche Medikamente dem Wasser Sauerstoff entziehen.

➤ Manche Medikamente verfärben das Wasser – das ist in Ordnung.

➤ Verwende nie zwei Medikamente gleichzeitig.

➤ Behandle immer das ganze Becken, und zwar mindestens eine Woche. Auch Fische, die gesund aussehen, können bereits angesteckt sein.

➤ Wenn alle Fische wieder gesund sind, filterst du das Wasser eine Woche mit Aktivkohle, um die Reste der Medikamente zu entfernen. Danach filterst du wieder wie gewohnt biologisch.

Die häufigsten Fischkrankheiten

Krankheitsanzeichen	Diagnose	Behandlung
Weiße Punkte überall, zuerst auf den Flossen, Fressunlust, Schaukeln, Flossenzucken	Weißpünktchenkrankheit (Ichtyophthirius)	Mit Medikamenten und unterstützenden Maßnahmen. Mit Oxydator Sauerstoffgehalt erhöhen. Später das Wasser mit Aktivkohle filtern.
Fisch wird immer dicker, droht zu »platzen«, Schuppen stehen ab	Bauchwassersucht durch Bakterien oder falsches Futter	Schwierig. Wenn möglich, befallene Tiere separat setzen. Stoffwechsel durch Salz (1g/l) reizen; Sauerstoffgehalt und Temperatur erhöhen, Medikamente geben!
Watteartige, schimmelartige Beläge	Verpilzungen in beschädigter Schleimhaut	Entsprechende Medikamente geben. Sauerstoffgehalt erhöhen, ein Drittel des Wassers ohne Aufbereitungsmittel wechseln, Vitamine zugeben. Nach Behandlung mit Kohle filtern.
Plötzlicher, grießartiger Pünktchenbefall, von vorne gut sichtbar, Pünktchen mehr gelblich als weiß, sofort am ganzen Körper	Samtkrankheit	Entsprechende Medikamente geben, sonst wie bei Weißpünktchenkrankheit verfahren.
Fressunlust, Farbveränderungen schleimig-weißlicher Kot; Löcher in der Kopfpartie	Lochkrankheit, fast nur bei Barschen	Sauerstoffgehalt erhöhen: Temperatur langsam bis auf 33 °C erhöhen, sofern alle Fische diese Temperatur vertragen. Eventuell Medikamente.
Beschleunigte Atmung; Scheuern am Kopf; ruckartiges Ausstülpen des Mauls; farblose, fadenartige Würmer hängen aus den Kiemen.	Kiemenwürmer	Sauerstoffgehalt erhöhen, um die Atmung zu erleichtern, Behandlung mit entsprechenden Medikamenten.
Fische haben glotzende Augen	Glotzaugen durch schlechte Wasserqualität; Parasiten	Sauerstoffgehalt erhöhen: Filter reinigen; alle 3 Tage ein Drittel des Wassers wechseln, Aufbereitungsmittel geben, 2–3 Tage nicht füttern. Wasser einmal über Kohle filtern.
Flossen fransen aus und sterben ab, Farben verblassen	Flossenfäule	Sauerstoffgehalt erhöhen, ein Drittel des Wassers wechseln, Filter reinigen. Entsprechende Medikamente.
Farben verblassen gürtelartig von der Körpermitte her	Neonkrankheit	Sehr schwierig, Medikamente geben. Zur Unterstützung Vitamine.

Fragen rund um Fitness und Gesundheit

? Meine Fische waren krank. Jetzt möchte ich mir ein paar neue kaufen. Wie lange muss ich warten, bis ich sie zu den anderen setzen darf?

Wenn deine Fische ca. zehn Tage frei von irgendwelchen Krankheitssymptomen sind, kannst du davon ausgehen, dass das Aquarium wieder gesund ist und du darfst neu gekaufte Fische ins Aquarium setzen. Aber du musst dich natürlich wie immer erst davon überzeugen, dass die Neuen bei deinem Zoohändler ebenfalls gesund sind, sonst werden gleich wieder neue Krankheiten eingeschleppt. Mein Tipp: Versuche nicht, den alten Bestand zu ergänzen, sondern betrachte es als eine Chance, anstelle der vielleicht eingegangenen Fische neue Arten kennen zu lernen.

? Meine Fische nehmen beim Füttern zwar das Futter an, spucken es aber gleich wieder aus. Was mache ich falsch?

Es gibt mehrere Möglichkeiten. Die erste: Deine Fische sind satt. In diesem Fall lässt du sie am besten drei Tage lang hungern. Die zweite Möglichkeit: Die Ursache für die Appetitlosigkeit sind innere Verletzungen im Rachenbereich eines Fischs. Dagegen helfen Medikamente, die vom Körper aufgenommen werden und von innen heraus Entzündungen abheilen lassen. Lass dich von deinem Zoofachhändler beraten. Zunächst einmal lässt du die Fische aber fasten.

? Ich fahre bald für drei Wochen in Ferien. Was muss ich tun, damit meine Fische in dieser Zeit gut versorgt sind?

Für solche Fälle ist ein Futterautomat ideal (→ Seite 23). Du musst mit deinen Fischen 14 Tage vorher anfangen zu trainieren, damit sie sich an den Automaten gewöhnen. Und du musst herausfinden, wie du den Futterautomaten einstellen musst, damit er die richtige Menge abgibt.

Stängelpflanzen schneidet man regelmäßig zurück, damit sie schön buschig bleiben.

Natürlich können auch Familienmitglieder, die daheim bleiben, die Fütterung deiner Fische übernehmen. Aber auch mit ihnen musst du das rechtzeitig üben, sonst füttern sie garantiert zu viel. Wenn es gar nicht anders geht, können deine Fische einen solchen Zeitraum auch einmal ohne Futter überstehen, ohne größeren Schaden zu nehmen. In jedem Fall müssen aber Filter, Sauerstoff und Licht automatisch geregelt werden und richtig eingestellt sein, damit es deinen Fischen gut geht.

? Ich habe gelesen, dass ich bodenbewohnende Fische getrennt von den anderen füttern muss. Ist das richtig?

Bei 30 cm Wasserstand können bodenbewohnende Fische wie etwa Welse ohne weiteres die 30 cm nach oben bis zur Wasseroberfläche schwimmen. Wenn du aber das Gefühl hast, dass sie zu wenig Futter bekommen, kannst du nach der Flockenfütterung noch zusätzlich Futtertabletten geben, die zu Boden sinken und deshalb speziell für bodenbewohnende Fische geeignet sind.

? Ich habe die Beleuchtungsdauer meines Aquariums falsch eingestellt. Jetzt sehen die Pflanzen krank aus. Was muss ich tun, damit sie sich wieder erholen?

Als Erstes stellst du die Uhr wieder richtig ein, wechselst ein Drittel des Wassers, kontrollierst Filter und Carbonator. Kürze die Pflanzen ein und schneide alte Blätter ab. Wenn du nun noch ein wenig Dünger gibst, werden sich die Pflanzen in zwei Wochen wieder erholt haben.

? In meinem Aquarium gibt es zu viele Schnecken. Was kann ich gegen sie unternehmen?

Schneckeneier haften an den gekauften Pflanzen und gelangen auf diesem Weg in dein Aquarium. Wenn es wirklich einmal zu viele sind, hilft nur, sie abzusammeln. Oder du fängst sie mit einer Schneckenfalle aus dem Zoofachhandel. Grundsätzlich sind Schnecken sehr nützlich, sie sind die Gesundheitspolizei in deinem Aquarium. Sie beseitigen z. B. einen toten Fisch, den du nicht sofort entdecken konntest, weil er irgendwo versteckt war.

MEINE TIPPS FÜR DICH

Peter Stadelmann

Pflanzenpflege

- Wenn Stängelpflanzen bis zur Wasseroberfläche wachsen, schneidest du sie auf ein Drittel zurück.
- Werden Amazonas-Schwertpflanzen zu groß, nimmst du die äußeren Blätter weg und entfernst alle Ableger bis auf einen, den du mit einem Stein zu Boden drückst, damit er anwächst. Nach einiger Zeit schneidest du die Verbindung zur Mutterpflanze ab.
- Wuchern Wasserkelche zu dicht, verkleinerst du sie: Schneide mit einem scharfen Messer kreisrund um die Pflanze, die du erhalten willst, alle Wurzeln ab und ziehe den abgeschnittenen Wurzelfilz heraus.
- Schwimmfarne bilden viele Ableger. Bis auf einen entsorgst du alle, damit die Pflanzen darunter wieder mehr Licht haben.
- Auch vom zu großen Java-Farn kannst du viel wegnehmen: Schon aus einem kleinen Blattstück wächst eine neue Pflanze.

Entdecken und beobachten

Wenn Fische Nachwuchs bekommen

Bei einigen Fischen kannst du mit ein bisschen Aufwand ganz leicht beobachten, wie sie Nachwuchs bekommen.

Guppys

Das brauchst du: Um alles genau zu sehen, setzt du einen »Guppytank« in dein Aquarium. Das ist ein besonderer Brutkasten mit einem Zwischengitter im unteren Teil. In den oberen Teil setzt du ein trächtiges Guppy-Weibchen. Dass es trächtig ist, erkennst du am Trächtigkeitsfleck am Hinterleib. Hier zeichnen sich die Eier mit den Jungen darin ab.

Das kannst du beobachten: Bei der Geburt zerplatzt bei den Lebendgebärenden die Eihaut in dem Augenblick, in dem das Ei ins freie Wasser »geboren« wird. Der Mini-Fisch sinkt durch das Zwischengitter in den unteren Teil des Tanks. Er ist erst nach etwa einer Stunde in der Lage, zu schwimmen. Das Zwischengitter ist wichtig, denn es trennt die Jungen von der Fischmutter. Sie würde die Jungfische fressen. Sobald die Fischmutter keinen dunklen Fleck mehr am Bauch hat, fängst du sie heraus und setzt sie außerhalb des Guppytanks ins Becken. Die kleinen Fische bleiben im Tank.

Zwergfadenfische laichen willig ab. Die Jungen vertragen aber keine Zugluft, deshalb musst du das Becken immer abdecken.

Kampffische

Das brauchst du: 1 Aquarium mit 30 Litern Inhalt, 1 Abdeckung mit Beleuchtung, 1 kleine Sauerstoffpumpe, 1 kleinen Schwammfilter, 1 Regelheizer (50 Watt), 1 Klebethermometer, 2 Beutel Kies (Körnung 2 bis 3 mm), 1 × Hornfarn, 1 × Kriechende Ludwigie oder Indischer Wasserfreund, 1 × Großen Wasserfreund. Das Zuchtbecken richtest du genauso ein wie dein großes Aquarium (→ Seite 28). Im Zuchtaquarium brauchst du außer den Pflanzen keine Dekoration und auch keinen Pflanzen-

Der Guppytank treibt an der Oberfläche. So kannst du die Geburt der Guppy-Babys prima beobachten.

dünger. Die Wassertemperatur sollte 26 °C betragen. Sieben Tage nachdem du dein Zuchtbecken eingerichtet hast, kaufst du zwei bis drei junge Kampffisch-Weibchen. Du fütterst die Weibchen vier Wochen lang sehr abwechslungsreich mit roten Mückenlarven, Flocken und Vitaminen, bis sie richtig kräftig geworden sind. Nach vier Wochen setzt du ein voll entwickeltes Kampffisch-Männchen dazu. Achte darauf, dass das Männchen schön groß ist und nicht zu lange Flossen hat, sonst ist es vielleicht schon zu alt. Nun erhöhst du die Wassertemperatur pro Tag um jeweils 1 °C, bis 30 °C erreicht sind.

Das kannst du beobachten: Das Männchen wird in sechs bis acht Stunden ein großes Schaumnest an der Wasseroberfläche bauen und sich eines der Weibchen aussuchen. Die anderen Weibchen fängst du heraus und setzt sie in dein großes Aquarium. Bald darauf umschlingt das Männchen sein Weibchen und befruchtet die Eier. Diese treten aus und sinken zu Boden. Das Männchen sammelt alle Eier ein und spuckt sie ins Schaumnest. Bald schlüpfen die Jungen. Der Vater pflegt sie, bis sie frei schwimmen können. So lange »repariert« er immer wieder das Nest, damit die Jungen nicht herausfallen. Dann erlischt der Bruttrieb des Vaters. Du fängst ihn jetzt besser heraus, sonst frisst er seine Jungen auf.

Zwergfadenfische

Das brauchst du: Die gleiche Ausstattung wie bei der Zucht von Kampffischen.

Das kannst du beobachten: Halte zwei Zwergfadenfisch-Paare im Zuchtbecken. Nun erhöhst du die Wassertemperatur pro Tag um je 1 °C bis auf 30 °C. Jedes Paar baut sich dann ein Schaumnest, in das es die Eier ablegt. Das ist das Einzige, was die Eltern für ihren Nachwuchs tun, du nimmst die Eltern deshalb jetzt wieder aus dem Zuchtbecken heraus. Wenn die Jungen schlüpfen, sind sie etwa 2 mm groß. Sie schwimmen auf dem Rücken und werden von einer Fettblase getragen. Diese Fettblase ist ein gelber Fleck, der aussieht wie ein Eidotter. In den ersten Tagen ernähren sich die Jungfische von der Fettblase und wachsen bis auf die doppelte Größe heran. Sobald die Fettblase aufgefressen ist, drehen sich die Jungfische auf den Bauch und schwimmen »richtig« herum. Nun musst du sie mit Flüssigfutter aus dem Zoofachhandel füttern.

Verhaltensdolmetscher

Aquarienfische

In jedem Aquarium gibt es eine Menge zu beobachten. Hier erfährst du, was die Fische mit ihrem Verhalten ausdrücken wollen ? und wie du richtig darauf reagierst ➔.

> Ein Paradiesfisch-Männchen bleibt tagelang beim Schaumnest im Dickicht der Schwimmpflanzen.

? Das Männchen greift Junge, die aus dem Nest geraten sind und spuckt sie ins Nest zurück.
➔ Auch wenn es so aussieht: Es frisst die Jungen nicht.

> Ein Kampfischmännchen jagt sein Weibchen in die hinterste Ecke des Beckens.

? Das Weibchen hat alle seine Eier abgelaicht und stört nun das Männchen bei der Nestpflege.
➔ Fange das Weibchen aus dem Zuchtbecken heraus und setze es ins normale Becken.

Zwei Zwergfadenfisch-Männchen umkreisen sich in den verschiedenen Wasser-Zonen.

? Die beiden bedrohen sich gegenseitig.

→ Wahrscheinlich streiten sie um ein Weibchen, und der Gegner soll vertrieben werden.

Glaswelse drängen sich eng aneinander im Pflanzendickicht.

? Vielleicht versuchen die Fische, sich zu verstecken.

→ Im Schwarm sind Glaswelse sicher. Mit den Barteln kontrollieren sie die Umgebung.

Ein Kongosalmer verändert plötzlich seine Farbe.

? Er kann damit eine Wetteränderung anzeigen.

→ Der Fisch fühlt sich wohl und ist gesund.

Das Zwergbuntbarsch-Weibchen jagt unaufhörlich das Männchen.

? Es will die befruchteten Eier vor dem Männchen schützen.

→ Entferne das Männchen aus dem Zuchtbecken.

Brutpflege bei Fischen

Viele Fische interessieren sich nach der Geburt nicht mehr für ihre Jungen. Aber es gibt auch andere, die sich sehr fürsorglich um ihre Jungen kümmern. Man sagt dazu auch: Die Fische betreiben Brutpflege. Dabei haben Mutter und Vater feste Aufgaben.

Der rote Eifleck des Purpur-Prachtbarsch-Weibchens zeigt: Ich will mich paaren.

Das kannst du beobachten, wenn du die Fischarten wie Purpur-Prachtbarsch oder Maulbrüter züchtest, die ihre Brut liebevoll umsorgen.

Purpur-Prachtbarsch

Das brauchst du: Du benötigst die gleiche Ausrüstung wie bei der Zucht von Kampffischen (→ Seite 50). Zusätzlich an Dekoration brauchst du 1 kleine Moorkiefernwurzel, 3 Steine, 5 bis 7 cm groß, und 1 Ton- oder Keramikhöhle. An Pflanzen empfehle ich 1 Hornfarn als Schwimmpflanze, 1 Topf Javafarn, 1 Topf Zwergspeerblatt, 1 Bündel Javamoos und 1 Bündel Kriechende Ludwigie. Das Zuchtbecken richtest du genauso ein wie bei den Kampffischen (→ Seite 50).
Das kannst du beobachten: Wenn das Weibchen einen leuchtend roten Bauchfleck trägt, heißt das, dass sich in seinem Körper genügend Eier gebildet haben. Für das Männchen ist das das Signal zur Paarung. Es schwimmt fast auf der Seite liegend quer vor das Weibchen und zeigt ihm seinen dunklen Eifleck an der abgespreizten Rückenflosse. Damit will es sagen: »Komm mit mir und lass uns eine Familie gründen«. So lockt es das Weibchen in die Höhle. Hier klebt das Weibchen die Eier an die Höhlendecke. Dort werden sie vom Männchen befruchtet. Nach 36 Stunden schlüpfen 200 bis 300 Jungfische. Der Vater schützt seine Jungen vor Feinden – er weiß ja nicht, dass es

TIPP

Dosenlupe

- Um Jungfische und andere kleine Tiere in deinem Aquarium besser beobachten zu können, kannst du dir eine Dosenlupe selber basteln.
- Dazu nimmst du eine größere leere Kunststoff-Dose und lässt von deinen Eltern den Boden entfernen.
- Auf der einen Seite ziehst du eine Klarsichtfolie straff über die Ränder und befestigst sie mit einem Gummiband – fertig ist die Lupe!
- Halte sie mit der Folienseite nach unten ins Wasser: Nun siehst du durch die andere Seite alles vergrößert.

im Zuchtbecken gar keine gibt. Die Mutter führt die Jungen vor die Höhle und zeigt ihnen, wo sie etwas zu fressen finden. Können die Eltern den Schwarm nicht mehr zusammenhalten, nimmst du sie heraus. Die Jungen sind jetzt selbstständig.

Kleiner Maulbrüter

Das brauchst du: Du benötigst die gleiche Ausrüstung wie bei der Zucht von Kampffischen (→ Seite 50).

Das kannst du beobachten: Das Männchen, das auf der Seite schwimmt, lockt das Weibchen mit zitternden Bewegungen in eine Kuhle im Kies. Nun legt sich das Männchen flach hin. Das Weibchen legt daraufhin die Eier in die Kuhle, das Männchen gibt unter starkem Zittern (mit allen Flossen) seinen Samen über die Eier. Jetzt wird es spannend: Es sieht so aus, als ob das Weibchen die Eier frisst. Es nimmt sie mit dem Samen ins Maul und behält sie dort. Da das Männchen bei der Pflege nicht helfen kann, nimmst du es nun aus dem Zuchtbecken heraus. In den nächsten Tagen siehst du, dass der Kopf des Weibchens immer größer und der Körper immer schmaler zu werden scheint. Du bemerkst, dass das Weibchen nicht mehr frisst. Nach etwa zehn Tagen schlüpfen im Maul der Mutter ungefähr 50 Jungfische. Du kannst sie erst sehen, wenn die Mutter sie in einer Ecke im Aquarium zum ersten Mal herauslässt. Noch sind die Kleinen sehr schutzbedürftig und flüchten sich etwa acht Tage lang bei der geringsten Gefahr ins Maul der Mutter zurück. Dort sind sie vor Fressfeinden sicher.

Bei der geringsten Gefahr drängen die Maulbrüter-Babys in das schützende Maul der Mutter zurück.

Fragen rund um das Beobachten und Entdecken

Wie richte ich für meine Guppys ein extra Zuchtbecken ein?
Dazu genügt ein kleines Becken mit 30 cm Länge. Stelle es am besten an einer hellen Stelle in deinem Zimmer auf. Da es dort sicher nur im Sommer stehen soll, kannst du auf eine Beleuchtung verzichten. Du brauchst für das Becken lediglich einen Regelheizer, einen kleinen Schaumstoff-Innenfilter, der über eine Membranpumpe betrieben wird (→ Seite 24), einige Schwimmfarne an der Wasseroberfläche und gewaschenen Sand als Bodengrund. Das Wasser entnimmst du zur Hälfte aus deinem anderen Aquarium, das du dann wieder auffüllst. Anschließend kannst du das trächtige Guppy-Weibchen einsetzen und beobachten, was passiert (→ Seite 50).

Die Farben meiner Fadenfisch-Männchen verändern sich plötzlich. Woran kann das liegen?
Das liegt ganz einfach daran, dass deine Fadenfisch-Männchen geschlechtsreif geworden sind. Sie möchten jetzt für ihre Weibchen besonders attraktiv erscheinen und versuchen, durch ihre Körperfarbe auf sich aufmerksam zu machen. Wenn du ganz genau in dein Aquarium schaust, kannst du vielleicht schon im hinteren Bereich des Beckens ein erstes Schaumnest dicht unter der Wasseroberfläche entdecken (→ Seite 51).

Mein Schwertträger-Männchen biegt sein Schwert immer wieder seitlich in Kopfrichtung. Was hat das zu bedeuten?
Dieses Verhalten ist typisch für ein Schwertträger-Männchen, dass sich um die Gunst eines Weibchens bemüht. Während es das Schwert seitlich in Kopfrichtung biegt, schwimmt es rückwärts genauso schnell wie vorwärts. Wie das genau geht, ist noch nicht erforscht. Das Männchen umtanzt so das Weibchen und will ihm sagen: »Schau her, was ich alles

Im Zuchtaquarium zirkuliert das Wasser durch den Bodengrund, der als Biofilter dient.

kann – ich bin der Größte!« Hat das Männchen bei dem Weibchen Erfolg, paaren sich die beiden anschließend.

Meine Barsch-Männchen ändern die Farbe und legen sich immer wieder auf die Seite. Stimmt mit ihnen etwas nicht?
Nein, deinen Barsch-Männchen geht es sehr gut. Dieses Sich-auf-die-Seite-legen gehört zum Paarungsverhalten der Barsche. Das Männchen will das Weibchen an eine, wie es glaubt, besonders günstige Stelle locken, um sich dort mit ihm zu paaren und abzulaichen. Manche Barsche haben sogar Eiflecken auf der Schwanzflosse wie etwa die Purpur-Prachtbarsche. Diese sollen bereits abgelegte Eier vortäuschen und das Weibchen anlocken (→ Seite 54).

Ich habe gehört, dass ich meinen Fisch-Nachwuchs mit Salinenkrebschen füttern soll. Wo bekomme ich sie her?
Das ist richtig. Lebende Salinenkrebschen sind das beste Aufzuchtfutter für Jungfische; sie sind garantiert frei von Krankheiten. Für Fadenfische musst du sie selbst züchten, weil du für sie ganz kleine Krebschen brauchst. Es gibt beim Zoofachhändler Aufzuchtsets mit allem, was du brauchst. Anderen Jungfischen kannst du auch größere Krebschen füttern.

Wenn ich in meinem Aquarium Guppys züchte und zu viele davon habe, was kann ich dann mit den Jungfischen machen?
Ein Teil deiner jungen Guppys wird ganz von selbst verschwinden – einfach deshalb, weil viele der Jungfische von den alten Guppys gefressen werden. Das mag zwar traurig für dich sein, ist aber auch in der Natur so. Die jungen Guppys sind dort ein Teil der Nahrungskette. Einige werden aber überleben. Vermutlich werden es die kräftigsten und gesündesten sein. Wenn du eines Tages doch zu viele Guppys hast, kannst du bei Freunden, die ein Aquarium haben fragen, ob sie deinen überzähligen Nachwuchs möchten. Außerdem werden im Frühjahr und Herbst von Aquarienvereinen Tauschbörsen durchgeführt. Im Internet unter www.vda-online.de findest du Informationen.

MEINE TIPPS FÜR DICH

Peter Stadelmann

Die Welt im Wassertropfen

In deinem Aquarium kannst du nicht nur Fische und Pflanzen beobachten – vielmehr kannst du dort auch eine ganz besondere Welt entdecken.

- Wenn du morgens etwa eine Stunde, nachdem sich das Licht eingeschaltet hat, dein Aquarium genau betrachtest, kannst du oben im Wasser eine milchig trübe Wolke sehen.
- Mit einer starken Lupe – noch besser ist ein Schülermikroskop – wirst du winzige, umher wimmelnde Mikroorganismen sehen.
- Es sind Pantoffeltierchen, Geißeltierchen und Rädertierchen, die sich in jedem Wassertropfen finden. An ihrem Namen kannst du ablesen, wie diese Mikroorganismen aussehen.
- In der Natur werden diese Organismen hauptsächlich von Wasserflöhen gefressen, im Aquarium sind sie die erste Nahrung für junge Guramis und Kampffische.

Adressen

Verbände/Vereine

➤ Verband Deutscher Vereine für Aquarien- und Terrarienkunde e.V. (VDA), Geschäftsstelle: Hans Stiller, Luxemburger Str. 16, D-44789 Bochum, www. vda-online.de
Der VDA gibt Auskunft über aktuelle Adressen von Aquarienverbänden in deiner nächsten Umgebung, hilft weiter bei Vermittlung von Kontakten (z. B. Hilfe bei Fischkrankheiten, Beschaffung von seltenen Fischen).

HINWEIS AN DIE ELTERN

- ➤ Die in diesem Buch beschriebenen elektrischen Geräte müssen mit dem gültigen TÜV-Zeichen versehen sein.
- ➤ Beachten Sie die Gefahren im Umgang mit elektrischen Geräten und Leitungen, besonders in Verbindung mit Wasser.
- ➤ Die Anschaffung eines elektronischen Fehlstrom-Überwachungsgerätes oder Fehlstrom-Schutzschalters ist empfehlenswert.

➤ Bundesverband für fachgerechten Natur- und Artenschutz e.V. (BNA), Postfach 1110, D-76707 Hambrücken, www.bna-ev.de
Dachverband der Vereine und Verbände privater Tierhalter. Vertritt deren Interessen vor allem bei Belangen der Artenschutzgesetzgebung.

➤ Österreichischer Landesverband für Vivaristik und Ökologie (ÖVVÖ), Gerhard Gabler, Bonygasse 49/14, A-1120 Wien, www.oevvoe.at

➤ Institut für Zoologie, Fischereibiologie und Fischkrankheiten der Tierärztlichen Fakultät LMU München, Kaulbachstr. 37, D-80539 München, www.vetmed.uni-muenchen.de/zoofisch

Aquaristik im Internet

➤ www.aquaristik-forum.de
Hier findest du viele Tipps und Informationen rund um Aquaristik, für Anfänger und Profis gleichermaßen.

➤ www.bfn.de
Das Bundesamt für Naturschutz erteilt Auskünfte und Infos zu aktuellen Arten- und Naturschutzfragen.

Fragen zur Aquaristik beantworten

Dein Zoofachhändler und der Zentralverband Zoologischer Fachbetriebe Deutschlands e.V., Tel. 0 61 03/91 07 32 (nur telefonische Auskunft möglich: Mo 12-16, Do 8-12 Uhr), www.zzf.de

Sachversicherungen

➤ Deutscher Ring, Ludwig-Erhard-Str. 22, D-20459 Hamburg, www.deutscherring.de

➤ Z.O.F. GmbH, Am Hang 34, D-31008 Elze, www.zof-finanz.de

Bücher

➤ Amlacher E.: Taschenbuch der Fischkrankheiten. Gustav-Fischer Verlag, Jena

➤ Schliewen, U.: Aquarienfische von A bis Z. Gräfe und Unzer Verlag, München

➤ Stadelmann, P.: Goldfische. Gräfe und Unzer Verlag, München

Zeitschriften

➤ DATZ Aquarien- und Terrarien-Zeitschrift, Ulmer Verlag, Stuttgart

➤ Aquaristik Fachmagazin, Tetra Verlag, Berlin-Velten

Der Autor

Peter Stadelmann ist erfolgreicher Autor in den Spezialgebieten Aquaristik und Gartenteich und als Zoofachhändler Ausbilder und Prüfer bei der Industrie- und Handelskammer Nürnberg.

Die Fotografen

Bork: 9, 12 li., 16, 27 li., 52 re.; Giel: U1, 18/19, 22, 24, 29, 30, 31, 32, 33, 40, 46, 51, 64; Hartl: 13 o.re., 41; Hecker: 27 mi., re., 54; Kahl: U2/1, 2, 3, 4/5, 13 o.li., 15, 20, 21, 25, 28, 34, 36/37, 38, 44, 50, 52 li., 53 o.li., o.re., U4 mi., re.; Linke: 12 re., 13 u.mi., u.re., 14, 23, 26, 42, 48/49, 53 u.; Nieuwenhuizen: 53 mi.re.; Werner: 8, 10, 11, 39, 55, U4 li.; Zurlo: 13 u.li.

Impressum

Redaktion: Nicole Biermann
Lektorat: Barbara Kiesewetter
Zeichnungen: Renate Holzner
Layout: independent Medien-Design, München
Satz: Uhl + Massopust, Aalen
Produktion: Bettina Häfele
Repro: Fotolito Longo, Bozen
Druck und Bindung: Kaufmann, Lahr
Printed in Germany
ISBN 3-7742-6413-9

Auflage	4.	3.	2.
Jahr	2007	06	05

GRÄFE UND UNZER

Ein Unternehmen der
GANSKE VERLAGSGRUPPE

> GU-Experten-Service

Hast du Fragen zu Haltung und Pflege? Dann schreibe uns (bitte Adresse angeben). Unser Experte Peter Stadelmann hilft dir gern weiter. Unsere Adresse findest du rechts.

Das Original mit Garantie

Ihre Meinung ist uns wichtig. Deshalb möchten wir Ihre Kritik, gerne aber auch Ihr Lob erfahren. Um als führender Ratgeberverlag für Sie noch besser zu werden. Darum: Schreiben Sie uns! Wir freuen uns auf Ihre Post und wünschen Ihnen viel Spaß mit Ihrem GU-Ratgeber.

Unsere Garantie: Sollte ein GU-Ratgeber einmal einen Fehler enthalten, schicken Sie uns das Buch mit einem kleinen Hinweis und der Quittung innerhalb von sechs Monaten nach dem Kauf zurück. Wir tauschen Ihnen den GU-Ratgeber gegen einen anderen zum gleichen oder ähnlichen Thema um.

GRÄFE UND UNZER VERLAG
Redaktion Haus & Garten
Stichwort: Tierratgeber
Postfach 86 03 25
81630 München
Fax: 0 89/41 98 1-1 13
E-Mail:
leserservice@
graefe-und-unzer.de

Meine Aquarienfische

Aquarientyp: ______________________

Besatztyp:

____

____

____

So füttere ich meine Fische:

____

____

____

Filtertyp und Filtermaterial:

____

____

____

Technische Geräte:

____

____

____

Aquarienfische:

____

____

____

Mein Zoofachhändler:

____

____

____

DER RICHTIGE PLATZ

Stelle dein Aquarium am besten **auf einen stabilen Tisch** vor eine Wand. Platziere es so, dass du genug Raum hast, um alle Pflegearbeiten durchführen zu können und dass du es von deinem Lieblingsplatz aus gut siehst. Wichtig: Ein Aquarium gehört nicht aufs Fensterbrett.

Wohlfühl-Garantie für Aquarienfische

FISCHE FÜR JEDE REGION

Du kannst mehr Fische in deinem Aquarium halten als du glaubst, wenn du die **verschiedenen Wasserregionen** deines Aquariums besetzt. Wähle deshalb gezielt Fische für die obere, mittlere und untere Wasserregion. Dann ist das Becken optimal genutzt.

LECKERES FUTTER

Wechsle öfters die Futtersorten, aber nicht die Reihenfolge der Futterarten. Gib als »Vorspeise« **immer zuerst Flocken**. Ist der erste Hunger gestillt, kannst du den Fischen Frostfutter mit Vitaminen oder FD-Futter aus getrockneten Futtertieren oder Krümelfutter anbieten.

KRANKE FISCHE ERKENNEN

Fressunlust, eingefallene Flanken, ausgefranste Flossen oder Pünktchen sind **Anzeichen einer Krankheit**. Schau in der Tabelle auf Seite 45 nach, um welche Krankheit es sich handelt. Lasse dich beim Zoofachhändler beraten. Für fast alle Krankheiten gibt es Medikamente.